解码估值

·练就投资天眼·

·看穿投资迷雾·

价值投资必读

考拉看看◎著

SPM
南方出版传媒
广东经济出版社
—广州—

图书在版编目（CIP）数据

解码估值：价值投资必读 / 考拉看看著. —广州：广东经济出版社，2020. 4

ISBN 978 – 7 – 5454 – 7088 – 8

Ⅰ. ①解… Ⅱ. ①考… Ⅲ. ①投资 – 研究 Ⅳ. ①F830. 59

中国版本图书馆 CIP 数据核字（2019）第 286318 号

责任编辑：蒋先润
责任技编：陆俊帆

解码估值：价值投资必读
JIEMA GUZHI：JIAZHI TOUZI BIDU

出版人	李　鹏
出　版 发　行	广东经济出版社（广州市环市东路水荫路 11 号 11 ~ 12 楼）
经　销	全国新华书店
印　刷	佛山市迎高彩印有限公司 （佛山市顺德区陈村镇广隆工业区兴业七路 9 号）
开　本	730 毫米 × 1020 毫米　1/16
印　张	13. 5
字　数	158 千字
版　次	2020 年 4 月第 1 版
印　次	2020 年 4 月第 1 次
书　号	ISBN 978 – 7 – 5454 – 7088 – 8
定　价	48. 00 元

图书营销中心地址：广州市环市东路水荫路 11 号 11 楼
电话：（020）87393830　邮政编码：510075
如发现印装质量问题，影响阅读，请与本社联系
广东经济出版社常年法律顾问：胡志海律师

前言

foreword

做投资为什么一定要学会估值

中国A股市场自20世纪90年代正式开市以来，迄今近30年，截至2018年底，沪深两市的自然人开户数高达1.46亿户。如此体量，已经超过世界上绝大多数国家的总人口规模。然而，令人尴尬和无奈的是，股市“一赚二平七亏”的格局始终未能改变。

在投资实战中，不少人买完股票后，心情总是惴惴不安，夜不能寐。之所以如此，主要是因为对自己的投资标的了解太少，相当于把盈亏的命运直接交给了运气。如果你对标的有更深的研究，懂得它有几斤几两，相信你不会被一时的涨跌搞得心神不宁。

在国际市场上，很多投资大师潜心研究几十年，创建了各种各样的估值模型，而在国内市场，谈估值的时间很短。但不管你是哪一种风格的投资者，了解估值、懂得估值、学会估值，才谈得上稳健投资，你才不会莫名地慌张，因为你清楚地知道，你为手里的标的资产支付的价格是否合理。由此，也明确回答了很多人的一大疑问：投资为什么一定要学会估值?

有人说，大多数股民尤其是散户一直亏钱，是因为A股市场炒作之风过甚，大家一门心思只想赚快钱，不承想当熊市来临，自己成为巴菲特口中的“裸泳者”。

股市涨跌是常态，盈亏的原因也是五花八门，但大部分人没有耐心学习，不愿意花时间去掌握必备的专业知识是关键因素之一。

事实上，要想在股市赚钱，说难也不难。作为投资人，你能否保持良好的心态，学会相关专业知识，不断磨炼总结，并将这些知识和经验用于新的投资实践中，可谓尤为重要。现在，需要你拿出实际行动，加强学习，持续提升自己，否则你将在自怨自艾中一直亏损下去!

众所周知，股市投资的方式和流派很多，影响股市的因素也有很多，包括政策面、基本面、技术面、心理面、消息面等，每个人喜欢和擅长的方法各不相同。但归根结底，你必须对一家公司到底值多少钱，交易时的股价是高是低有一个合理判断，要搞懂这些，就涉及财务报表分析和公司估值，而公司估值是一切投融资及交易的基本前提。

说到财报和估值，很多投资者一听就头大，觉得这个问题太专业太复杂了。毋庸讳言，要看懂上市公司的财报，的确得具备一点财务知识，至于对公司进行合理估值，似乎也是一件不容易的事情。

为了解决广大投资者的困难和需求，我们还是决定迎难而上，利用自身在投资市场上的经验，做出最大努力，为投资者撰写了这本书。有意思的是，当真正开始写之后才发现，这项工作难度极大，国内几乎没有同类书，可参考的资料极少。但开弓没有回头箭，尽管困难不少，还得奋力前行。

在内容编排上，考虑到估值涉及的东西太多，为了突出实战和有用性，本书在章节架构上采取了由浅入深的做法。全书共分八章：第一章主要介绍估值的基础知识；第二章侧重讲解估值的主流方法；第三章是财务视角下的估值考量因素；第四章主要解剖公司运营情况；第五章着重讲解会计与估值；第六章则重点介绍了现金流的相关知识；第七章为资本投资和估值过程中必须知道的知识；第八章则为股市投资的一些哲学问题。

估值有很多模型，比如上市公司常用的相对估值法和绝对估值法，非上市公司常用的市场法、收益法、资产法等。但我们不想陷入各种复杂的计算当中，尤其是大多数普通投资者并无高深的数学基础，因此从实用性的角度出发，本书尽量以简单易懂的思路以及便捷、务实的方式，着重阐述了公司估值的主流方式和相关原则。最关键的是，本书尤其重视将估值理论与投资实践联系起来，不仅通过具体的公司案例，对财报知识进行讲解，还对公司的经营战略、竞争战略、管理决策等方面进行了解读。需要特别提醒的是，文中涉及的公司，仅作研究之用，不构成投资建议，据此操作，风险自担。

从读者群体来看，无论你是个人投资者，还是机构投资人士，抑或是股权投资人士，都可以通过本书，学习掌握如何综合评断一家公司的内在价值，并给出科学的定价及合理的购买价格。

有人说，学习是最好的投资。在人生的长河中，我们无时无刻不在学习，学习可以让我们紧跟时代的步伐，赚取财富，获得成就感。愿你在打开本书之后，能掌握适当的工具，做出更加明智的投资决策，早日实现财务自由。

祝你阅读愉快，投资顺利！

CONTENTS 目录

第一章 估值的基础知识

第二章 主要的估值方法

第三章　财务视角下的估值考量因素

第四章　公司营运分析

第五章　会计与估值

第六章 现金流分析及权益估值

第七章 资本投资与估值中的必知

第八章 股市投资的哲学

第一章

估值的基础知识

在投资过程中，我们经常听到人们在谈论价值投资，其中，大名鼎鼎的股神巴菲特是价值投资的代表人物，那么什么是价值投资呢？其实，价值投资与估值密切相关。因为价值投资的理论原理基于一个假设——资产价格永远都围绕着其内在价值而上下波动，长远来看价格会体现价值。所谓“价值投资”，就是在股票价格低于其价值的时候买入，然后持有等待价格反映价值的时候再卖出。股票价格可以直观地看到，那么剩下的事情就是如何确定一家公司的价值了，这就是估值的意义。但必须指出，估值是一件很难的事，而本书的目的就是让艰难的事变得简单！

第一节　估值的概念

公司估值是指对公司的内在价值进行合理评估。公司内在价值取决于公司在未来的总体获利能力。

一、估值概述

通常来说，公司估值是资本市场进行投融资、资产交易的基本前提。对公司合理估值能够使投资者对目标公司或其业务的内在价值（intrinsic value）进行正确评价，从而建立对各种交易进行定价的基础。公司估值是我们在股市投资过程中最重要、最关键的一环，估值是对一家公司的综合判定，无论采用宏观分析、资本市场分析、行业分析还是财务分析等方法，估值都是其最终目的，投资者最后都要依据对公司的估值做出投资决策。公司估值的基本逻辑是：基本面决定价值，价值决定价格。

对公司价值进行评估是我们进行价值投资的关键环节。通过估值，投资者将目标企业的内在价值与其当前股价相比较，才能确定投资的“安全边际”。所以，以科学估值为基础做出的投资决策，才符合价值投资的理念。

最近几十年，与企业价值相关的理论发展出了有效市场理论、资产组合理论、均衡估值理论、套利理论以及期权理论。在这些理论的支持下，又形成了一整套企业估值的方法，总体上可以分为收入法、成本法、市场法三大体系。此外，还有创业投资估值法、经济增加值法等。

收入法又称为绝对估值法，市场法又称为相对估值法，这两大类估值法下面又分为许多独立的方法。企业估值的对象相对于单一资产评估来说更加复杂，主要原因在于企业资产的复杂性、差异性、层次性、耦合性、动态性以及对环境的开放性等。所以企业估值在实际操作中，已经逐渐从使用单纯的一种方法发展到多种方法综合运用。

可以预见，随着企业估值研究不断取得新发展，未来还将会有新的方法加入现有的、已经非常庞大的估值体系中来。本书后面几章将为广大读者详细讲解目前市场上主要的企业估值方法。

二、影响公司估值的几大关键因素

早前，很多人听说“估值”一词，更多来自资本市场。比如，某人想对一家公司进行长线投资或价值投资时，自己会翻看目标公司最近几年的财报和券商给出的研报，然后再根据最新信息做出交易决策。

事实上，估值适用的范围很广。无论是企业并购，还是非上市公司引进新的战略投资者或新股东时，都会涉及企业估值。甚至，对遍地开花的创业公司来说，估值尤为重要，因为这将决定创业者在融资时需要转让给投资者多少股权。值得注意的是，早期阶段公司的价值接近于零，而估值则要高出很多。

举例来说，某创业者希望融到100万元的资金，自己转让公司的10%的股权，则该公司投资前的估值是1000万元左右。那么，这是不是意味着该公司当前价值1000万元呢？显然不是，这是因为投资人会对这家创业公司的发展前景、市场优势、高管团队等各方面进行综合考察研判。而最终投资者给出的价格，可能远远低于1000万元。

那么，哪些因素会影响公司的估值呢？客观来说，影响估值的因素较多，但主要的关键因素有如下几个：

（1）企业是否有成熟的商业模式。试想一下，如果企业的业务方向或商业模式老是变来变去，始终无法稳定下来，说明企业发展的稳定性出现了问题，势必会影响其估值结果。

（2）净资产收益率是否合理。通常来说，净资产收益率越高越好，上不封顶，下限起码得高于同期银行存款利率，如果稳定性较好，则估值较高。反之，如果长期难以保持稳定性，则估值相对较低。

（3）企业的产品或服务是否具有独特性。企业产品或服务的独特性，与一个人拥有某种与众不同的特殊能力一样，如果很难被替代，或者竞争者很难追得上，则可以带来较高的经济回报，对估值结果影响较大。而那些产品可替代性强，或品质一般的公司，估值相对较低。

（4）企业是否拥有竞争壁垒。一家企业一旦拥有竞争壁垒，好处是显而易见的，包括可为企业开展有效的进攻性营销活动提供良好的营销基础、有利于向竞争对手发出强烈的警告、在激烈的市场竞争中碾压对手等。

（5）成长性是否足够好。成长性与一家公司未来获得现金流和利润的情况密切相关。一般来说，成长性越好，公司估值越高。

（6）管理团队是否团结且高效。目前，不少风投机构首要考虑因素往往是领军人才和管理团队，其次才是项目的增长和投资回报率。由此可见，一个强有力的管理团队对企业的发展壮大何等重要。

第二节　三大估值方法的原理

一、收入法的原理

企业的价值究竟取决于什么？这是我们进行企业估值首先要面对的一个问题。不同的估值方法对这个问题的答案是不一样的。收入法认为，企业价值既不取决于其拥有的资产价值，也不取决于曾经取得的盈利，而是取决于该企业未来的现金流收入。

企业的价值可分为经营价值、清算价值、并购价值等几大类。收入法进行企业估值首先就要计算企业的经营价值，通过对企业过往绩效的分析、对财务数据的预测、计算企业现金流与折现率等步骤可以得出企业的经营价值。另外，还需要正确评估非经营性资产的价值，包括持有现金和有价证券，缺乏流动性的投资，如不进入合并报表的子公司等。接下来需要计算企业非权益类索求权的具体数额，包括负债、经营性租赁，或有负债、优先股、员工期权、少数股东利益等。用企业的经营价值加上非经营性资产价值，最后减去非权益类索求权价值，就可以得到企业股权的价值了。

收入法又叫作绝对估值方法，其特点是主要采用分红或者现金折现的方法，如股利贴现模型、自由现金流模型等。

二、市场法的原理

市场法又称为市场价格比较法，它是指通过估值企业之间相互比较，并将其价格进行调整，从而确定企业估值的方法。市场法是一种简单、有效的方法，因为估值过程中所需的数据直接来源于公开市场，难以作假。市场法应用的前提是假设在一个充分发育的市场上，相似的企业资产必然会有相似的价格。市场法的广泛应用伴随着市场经济的完善和发展以及资产证券化程度的不断提高。我国证券市场的深入发展，影响力不断扩大，为市场法提供了有效的应用环境，使之成为市场上一种重要的估值方法。

市场法的有效应用需要具备如下两个前提条件：

1. 需要一个成熟、活跃的资本市场，主要是股市。

市场经济条件下，市场交易的商品种类很多，企业资产作为一种特殊的商品，其交易的市场叫作资本市场，资本市场的发育完善是市场经济的重要一环。资本市场上，企业资产的交易越频繁，与需要估值的企业资产相似的资产价格就越容易获得。

2. 参照目标及其与估值企业可比较的指标、技术参数等资料可以在市场上正常获取。

应用市场法进行企业估值，最重要的是能够找到与估值企业相同或相似的参照目标。但完全相同的参照目标是很难找到的，这就要求对类似企业资产参照目标进行调整。有关调整的指标、技术参数能否从公开渠道正常获取，是决定市场法有效与否的关键。

应用市场法进行估值需要经过三个步骤：一是市场调查，选择参照目标；二是因素比较、调整差异；三是综合定价。

实际操作中，采用市场法来进行企业估值，通常采用乘数方法较为简便，如市盈率估值法、市净率估值法、企业价值倍数估值法、PEG估值法、市销率估值法、销售收入估值法、重估净资产法等。

三、成本法的原理

成本法是指依据被估值企业资产负债表的财务数据，通过合理评估各单项资产的市场价值及其负债，最后将各项资产的净值相加得到企业的总价值。成本法的原理基于一个常识：在市场中某项资产的价格将不会高于重置或者购买相同用途替代品的价格。成本法最著名的莫过于重置成本法。在过去相当长的时间内我国企业估值的实践中，由于历史因素，成本法作为首选方法和主要方法被广泛采用。但成本法在企业估值当中存在着很大的局限性。

成本法简单来说就是将企业的各个单项资产逐一评估，然后相加得出企业的总价值，其优点是简便易行，但其不利之处也很明显，主要有如下两点：

1. 模糊单项资产与整体企业的区别。

企业的整体性资产一般都能够在市场上正常经营并获利，整体资产是由各个单项资产有机结合而成的，但却不是单项资产简单相加就能得出其内在价值。企业中的各项资产，无一不需要投入大量的人力、物力以及规范的组织结构来进行构建并组织生产经营，成本法将这些单项资产简单相加，首先就不能体现企业把这些单项资产合理组合在一起所花费的成本。因此，采用成本法对企业进行估值，只是计算了有形资产和可以确定的无形资产的价值，却无法体现对企业盈利能力影响巨大的无形资产——商誉。

2. 不能充分体现企业经营状况不同造成的内在价值差异。

企业价值会受到未来的经营情况、收益能力变化的巨大影响。而成本法只是从资产构建的角度来评估企业的价值，没有考虑到企业的运行效率和最终的经营业绩。这样，如果同一时期有几家企业的原始投资相同，则无论其经营业绩好坏，使用成本法来估值其结果都是一样的，这就极其不合理了。

前文介绍的收入法、市场法、成本法就是国际公认的三大企业价值评估方法，也是我国资本市场上参与各方普遍采用的方法。就方法本身而言，三大类方法各有其优劣；就具体的估值项目来说，根据估值目的、估值对象、资料翔实等情况的不同，需要我们恰当地选择一种或几种估值方法来进行估值。因为对企业估值一方面是为了给企业的管理决策提供参考，另一方面也是为了给资本市场上的交易各方提供依据，所以估值的准确性、客观性都是非常重要的。

第三节　估值模式的选择

基于公司能否持续经营，公司估值的对象可分为两类：

第一类：破产的公司。公司处于财务困境或出于其他目的，已经或将要破产，主要考虑出售公司资产的可能价格，其估值方式只能采用清算价值估值法。

第二类：持续经营的公司。公司在估值或交易之后还需要继续经营下去，就可以采用各种不同原理的方法进行估值，市场上主要使用的估值方法的对象都是这一类。

企业的类型决定了不同估值方法的选择。如果是重资产型企业，如机械制造企业等，以净资产估值方式为主，盈利估值方式为辅；如果是轻资产型企业，如软件企业等，以盈利估值方式为主，净资产估值方式为辅；如果是互联网企业，则以活跃用户数、点击数和市场份额作为考量，以市销率为主。

此外，无论使用哪一种估值方法，对各种类型的上市公司来说，市值都是一种最有效的参照物，一只股票的市值计算公式如下：

股票市值＝股价×发行股份数

上市公司的总市值就是资本市场对当前企业价值的市场估值，市值的大小由于股价波动频繁，其侧重于相对的“量级”而非绝对值的高低。国际市场上通常认为100亿美元市值以上的公司可以称为成熟的大型企业，而500亿美元市值以上的公司可以称为国际化超大型企业，超过千亿美元市值则代表企业具有世界级龙头企业的地位。市值的量级比较对投资者来说具有重要意义，对上市公司来说也是企业经营的一个重要目标。

既然市值体现的是资本市场给企业评定的量级，那么相同行业的企业之间的量级对比就具有很大的参考价值。例如，同样是影视制作与发行企业，截至2018年底，A股华谊兄弟公司市值130亿元人民币，折合约18.92亿美元，而美股美高梅（MGM）公司市值达127.85亿美元。另外，华谊兄弟2017年收入为39.46亿元人民币（折合约5.74亿美元），同期美高梅收入为25.97亿美元。

这两家公司的市值，以各自的本币来看是处在同一个量级上的，而收入方面华谊兄弟却比美高梅高。由此推测，华谊兄弟可能被低估了。当然，高估值可能代表资本市场对企业未来的发展前景预期较高，估值的高低只是提供对企业价值的参考而不构成买卖依据。精明的投资者可以选择低估值的股票买入，而卖出相对高估值的股票。

市值对比一般来说通常应用在以下几种特殊场合：

同股同权的跨市场比价。也就是同一家公司在不同资本市场上市的市值比较，如我们最熟悉的AH股比价。

同行业企业市值比价。主营业务、企业规模都基本相同的企业比较，如南方航空和东方航空比较。

相似业务企业市值比价。主营业务有部分相同，须将业务拆分后做同类比较，如长城汽车与比亚迪的汽车业务比较。

第二章

主要的估值方法

现有主要的股票估值方法存在的时间都已经不短了，但是绝大多数投资者在使用这些估值方法时往往都不得要领。本章我们将系统地阐述现有主要的估值方法的本质，以及如何使用，包括如何正确指导人们决策并分析其各自的不足之处。

市场上比较常用的估值方法有四种，即运用市盈率（P/E）、市净率（P/B）、市销率（P/S）和股利贴现模型进行估值。此外，我们还将介绍其他几个比较成熟的估值方法，使投资者能够尽可能全面了解估值方法的种类及其适用范围。

第一节　市盈率估值法

市盈率（earnings multiple，即P/E ratio）也称“本益比”“股价收益比率”或“市价盈利比率（简称‘市盈率’）”。市盈率是国内外股市上最常用的判断股价水平是否合理的指标之一，它由每股股价除以年度每股收益得出，或者以公司总市值除以年度总利润亦可得出相同结果，其计算公式如下：

$$\text{市盈率（P/E）}=\frac{\text{每股股价}}{\text{每股收益}}=\frac{\text{总市值}}{\text{总利润}}$$

以上公式中，股价通常取最新收盘价，而每股收益方面，若按已公布的上一个完整年度的每股收益计算，称为静态市盈率；若最近的年度每股收益还未公布，也可以按照已经公布的季度每股收益简单换算成年度每股收益，再计算市盈率，这样算出的称为动态市盈率。

股市上一般所说的市盈率，通常指的是静态市盈率，它能够直观地看出一家公司的股价是否合理，是高估了还是低估了。但是，仅用市盈率指标来衡量一家公司股价的高低，并不完全合理。通常来说，如果一只股票的市盈率过高，那么意味着该股票的价格被高估了，很可能具有泡沫。如果一家公司发展迅速，并且市场对其未来的业绩增长非常看好时，该公司的市盈率可以比通常水平更高一些。属于同一个行业的公司，才能够使用市盈率指标来比较它们投资价值的高低，因为相同行业的公司其资产收益率趋于接近，相互比较才有意义。市盈率是最常用、最简便的股票估值指标，但投资者往往不认为短期的盈利数字能够真实反映公司在未来持续经营基础上的获利能力，因此，投资者可以结合预期值对公司正式公布的净利润加以调整。

市盈率的计算公式的含义是，一家公司按照计算选取的股价和每股收益需要多少年才能收回投资，但实际上这些数据通常是动态变化的。市盈率的高低同样代表了资本市场对公司成长性预期的乐观程度，它反映出公司拥有的投资机会的预期回报率大小以及再投资比率的高低。对相关模型的进一步分析表明，市盈率指标是某一时期预期的超额回报与下一期预期超额回报之差的函数。当然，投资者在使用市盈率指标进行分析时，还需注意以下几个问题：当市盈率指标中的每股收益为最近一期会计收益时，在不同的商业周期或是通货膨胀等时期，市盈率可能会带来扭曲的结论。市盈率的使用应该与其他财务指标分析相结合，单独使用市盈率具有有限的可比性。

市盈率是A股投资者用得最多的一个指标，通常情况下，成熟的资本市场里会以20倍市盈率作为估值高低的一个标杆，所以在很多时候，大众投资者判断股价是过高还是过低，基本以20倍市盈率作为比较依据。但是在具体投资操作上，不宜将20倍市盈率作为不可逾越的生命线。进入资本市场的投资者，市盈率是必须要熟悉的一个指标，当有人问及他们买的股票估值高与否的时候，大部分人都会说“不高，市盈率才22倍，是有很大安全边际的”。但事实证明，以22倍市盈率买入的股票，后面继续跌到15倍市盈率、12倍市盈率，股价累计跌幅超过30%以上的比比皆是，投资者损失惨重。

目前的A股市场经过2018年以及此前的大幅调整，市场整体市盈率已经跌到了一个较低的水平，在此情况下我们用市盈率指标来选股可以很容易选出被市场错杀的绩优股。

例如家电板块中的美的集团，在2018年底跌至37元附近，其2017年的每股收益高达2.66元，计算得知其市盈率为：$37\div2.66=13.9$；该股已经公布的2018年三季度每股盈利2.72元，按照这一数据计算其动态市盈率为：$37\div(2.72\div\frac{3}{4})=10.2$。不论是13.9倍还是10.2倍市盈率在国际上都属于非常低的水平，如果考虑到该股业绩仍处在较快增长之中，那么该股的投资价值就非常明显。待其2018年业绩公布后，该股股价上涨至15倍市盈率是很有可能的，也就是说该股2018年四季度的业绩只要和前三季度保持相同增速，该股从37元低点也会有50%的理论上涨空间。

当然，市盈率本身也有自己的局限性，比如说，市盈率很难评估由于周期性、公司处于困境或者处于生命早期而引起的每股收益率下降或为负值的现象。但是市盈率对处于生命周期晚期和成熟期发展稳定的公司有极佳的研判作用，并且随之得来的低估值具有很大的实践意义。

对投资来说，市盈率是可以作为我们判断股价高低的一个重要风向标，市盈率的指导作用体现在两方面。

一方面，对大势的研判作用，具体表现为对金融资产的高估或低估等指示作用，这个时候的市盈率指的是整个资本市场的市盈率水平而不是单一公司。回顾历年资本市场的走向，我们可以清晰地得出一个结论，每一轮金融资产的暴涨或者暴跌都具有共同点，那就是金融资产的虚高（随之而来的暴跌）或者金融资产价格极低（酝酿着即将到来的大幅上涨）。同时，暴跌的前夕往往市盈率也会畸高，历史年份的最高点曾达到45倍。而对历史年份市盈率的最低值我们也做了一个粗略统计，2005年大盘998点之时对应的市盈率为18倍，2008年底的1664点大抵对应的市盈率为14倍，2013年最低点1849点对应的市盈率为12倍。

而2018年底沪深两市平均市盈率为16倍左右，可以说都到了历史低位。所以另一方面，市盈率对我们判断市场是否中期见底同样是一个重要的参考指标。因此，大盘的市盈率水平可以给我们提供一个预警信号，对可能的暴跌和暴涨提前做好准备，等到危机或者机会来临时可以牢牢抓住。

市盈率对具体公司估值判断的指导作用也有其局限性。还要明确的一点是，市盈率绝不是万金油，不是什么公司或者行业都可以用市盈率进行估值，市盈率估值是具有局限性的，同时也不能拿所谓的20倍市盈率作为判断依据一刀切，必须具体情况具体分析。

一般来说，在成熟的行业中，那些盈利和现金流稳定的行业龙头是可以用市盈率进行估值的，20倍市盈率作为估值评判有一定价值，但我们也可以用另一种更好的方法来判断，那就是通过比较历史年份市盈率的最低值来作为判断依据。而在一些成长性行业中，或者没有持续性盈利的公司中，用市盈率进行估值就不合适，因为这些公司的利润变动很大，有些甚至是负数，根本不具备使用市盈率指标的条件。

第二节　市净率估值法

市净率是指一家公司每股股价与其每股净资产的比值，比如一只股票股价15元，市净率2倍，代表着你可以花15元，买到该公司7.5元的净资产。因此可以看出，市净率越小，风险也就越小，不同行业的公司市净率的合理值不是固定的。一般的，采用市净率进行股票分析的观点认为，市净率低的股票，其投资价值比市净率高的股票高。但是如果千篇一律地采用这一观点应用于所有投资场景，投资者很可能会白白浪费掉很多的时间成本和资金价值。下面我们将详细描述市净率的运用方法，公式如下：

$$\text{市净率(P/B)}=\frac{\text{每股股价}}{\text{每股净资产}}=\frac{\text{总市值}}{\text{公司净资产}}$$

在A股市场选股一般较少关注市净率，因为市净率主要考虑公司的净资产，而没有考虑公司盈利情况。我们再来看一个代表企业盈利能力的重要指标，净资产收益率=每股盈利÷每股净资产，参考市盈率的计算公式我们可以得到：净资产收益率=市净率÷市盈率，所以市净率的数值，又可以体现出公司净资产的单位盈利能力。比如，在市盈率相同都为12倍时：A公司的市净率为3倍，那么该公司的净资产收益率为25%；B公司的市净率为4倍，那么该公司的净资产收益率为33.3%；C公司的市净率为6倍，那么该公司的净资产收益率为50%。也就是说，在风险相同的情况下，不同行业的投资收益率会趋同，最后造成不同行业的市净率不同。高市净率的行业通常是新兴产业，企业发展的潜力大，对中国来说，如网络、5G、半导体、生物科技、新材料等；低市净率的行业一般竞争很激烈，市场已经充分发育，利润率较低，如银行、钢铁、煤炭、造纸、路桥等。当然，具体的还要对该公司的市场前景、科研投入、销售模式、公司性质等进行综合分析。

从长期来看，市场整体市净率指标的波动对我们判断大盘的历史顶部或者底部有重要作用。我们统计发现，大盘在2005年998点时对应的市净率为1.6倍，2008年1664点时对应的市净率为2.1倍，2013年1849点时对应的市净率为1.5倍。而2018年底大盘市净率回落到了1.7倍附近，可以看到大盘的市净率指标已经回到了历史低位，这里有可能形成另一个历史大底。

市净率指标也有较大局限性。首先，公司中的每股净资产和公司的账面价值有关，但是账面价值是公司某一时间节点的一种价值体现，没有考虑到公司的持续经营价值。市净率计算的是与资产相关的价值，但是却没有将利润产生能力考虑进去，因此市净率这个指标将公司的成长性搁置在一边不予考虑，这样的分析方法在实际中肯定是不合常理的，因为企业的目的就是盈利，如果将最重要的部分都不予置评，那么何谈企业的价值?

同样地，市净率还有一个问题，那就是资产价值的丈量问题。在时间选择、存货清单、折旧、资产减值、资本化和费用化这些项目上，管理层都可以做出会计处理，导致资产价值出现很大的失真，现实情况下，账面净资产往往比企业真实的账面价值要高。

虽然市净率估值法在使用过程中存在问题，投资者们可能会质疑使用它的合理性，但是通过大量的样本案例研究，市净率在以下情形中依旧能评估公司的价值。

（1）公司主要资产是优质的流动性资产，比如说企业的资产负债表科目简单易懂，公司账面上包含大量的货币资金，这样的公司用市净率作为衡量公司价值的指标是可行的。

（2）公司经营不具备持续性，市净率指标的应用恰恰就是将公司盈利排除在外而采用的估值指标，因此非持续经营的公司适合采用市净率进行估值。

盈利基本为零或者亏损的成熟期公司或周期性公司也适合采用市净率进行估值。前面我们已经知道，市净率是将公司盈利排除在外的估值方法，因此盈利很小或者亏损的公司也可以使用。这里值得一提的是，周期性公司对市净率进行估值的依赖程度。周期性公司因为产品价格变动范围大，导致企业盈利极不稳定，在产品价格回升期，公司的盈利水平将会大幅提高，但是当公司产品价格急剧下降时，企业将会出现严重亏损的局面，因此这样可以通过采用市净率来判断估值水平。具体逻辑是这样的：当公司市净率达到历史最低水平时，往往意味着整个行业的盈利水平受到严重挑战，否则企业股票的价格不会如此低，因此较低的市净率往往跟行业的周期低谷相匹配，这样的投资方式就是等待一个均值反转的过程。

换言之，当公司没有收益或者收益不是由公司直接价值驱动时，市净率还可以提供指导，用于区分同质行业中的优质公司。在我国股市上，牛市的时候市场一般注重市盈率，到了熊市的时候则更多地考虑市净率。但要特别注意的是，并非跌破了净资产的股票，即低市净率的个股就一定具有投资价值。

第三节　市销率估值法

市销率是指一家上市公司的总市值与其年度总收入的比值，也等于每股股价与每股销售额的比值。通常认为，一家公司的股票市销率越低，说明该公司目前的投资价值越大。同市净率一样，市销率并不能解释公司的增长和风险，但是有的时候，市销率对企业的研判作用通常被认为更好，这是因为市销率最不受所有传统估值方法中会计操纵的制约。但是，市销率却又因为包含最少的嵌入信息而被投资者所诟病。在利润表上，营业收入和每股收益差得越远，两者之间越会出现价值创造或被损失的问题。因此，虽然市销率可以将会计报表粉饰的影响降到最低，但是也可能会遗漏很多重要的信息。

市销率的计算公式如下：

$$\text{市销率(P/S)}=\frac{\text{每股股价}}{\text{每股销售额}}=\frac{\text{总市值}}{\text{销售总额}}$$

对于盈利基本为零甚至为负的成熟型公司或周期性公司，市销率和市净率具有相同的研判作用。同样地，市销率还有一个不可替代的作用，就是可用于评估拥有大的一次性收入基础的公司或者有很多无形资产的公司。

市销率虽然对比市净率来说有很多的优势，但是因为估值方法的简略性也使其在使用上有很大的局限性，比如：公司将营业收入作为主要计算指标，但是却忽略了营业成本的分析，但是营业成本的构成对企业的影响非常大，一个企业的营业成本直接影响企业的经营现金流；市销率的比较只能局限在同行业公司之间比较，因为不同行业收入的确认方法可能会大相径庭，所以不同行业的比较具有失真性；市销率没有考虑到关联交易对指标的影响程度，如果一家企业大部分的营业收入都是靠关联交易而支撑，那么这样的营业收入规模含金量相对来说就比较低，市销率的研判价值也会变得比较低。

使用市销率可以马上识别出那些市盈率很合理，但其利润并非靠主营业务的正常经营来创造，而主要依靠非经常性损益等财务手段增加利润的股票。由于一家公司的销售金额不像净利润那样有太多手段可以调控，而市销率主要参考企业的销售额，市销率很适合去衡量那些不同年度甚至季度之间净利润波动较大的公司。高市销率意味着市场对公司的盈利能力及成长性有更多的期待，而低市销率则意味着资本市场为这家公司每单位的销售额标出的价格很低。和市盈率一样，市销率通常只在同行业中做比较，而且它通常用来衡量业绩很差的公司，因为这些公司的市盈率没有参考价值，我们才不得不借助市销率来进行对比。

市销率的分母——主营业务收入——的形成是比较直接的，财务上也难以作假，避免了净利润复杂、可操纵性强的产生过程，与同行业公司的可比性也大幅提高。市销率最适用于那些毛利率比较稳定的行业，如公用事业、商品零售业等。国外成熟市场大多数价值导向型的基金经理选择的范围都是市销率指标较低的股票。若某公司的市销率超过10倍，就认为该股风险过大。市销率也因行业的不同而有高有低，比如：软件公司因为利润率非常高，它们的市销率通常为10倍左右；而食品零售商的市销率则仅为0.5倍左右。目前我国商品零售业类上市公司市销率平均约为1.15倍。

用市销率初选出了一批备选股票，这离最终确定哪些股票为投资目标还有一段距离。投资者还应该考察备选股票的综合情况，如公司盈利是否稳定，行业发展前景如何等。

比如A股上市公司百联股份，2017年全年总收入471.8亿元，截至2018年底其市值150亿元，市销率维持在0.32倍左右。如果百联股份的销售净利率达到3%，其利润则是14.15亿元，市盈率为10.6倍；如果销售净利率是5%，那么市盈率就只有6.4倍左右。这样看百联股份的股价就很合理了，营收足够庞大，公司销售净利率低是因为转型升级、门店调整、供应链改造以及线上线下融合等措施的实行。一旦公司完成转型升级之后，销售净利率回升是可以期待的，所以百联股份股价低迷的状况预计不会持续太久。

这个例子告诉我们，一家公司的营业收入要足够大，未来的盈利空间才能足够大，这是我们投资这家公司的重要参考指标。10000元赚1%和1000元赚10%的盈利是一样的，但是10%的销售净利率很难达到，也很难长期维持，而从1%的销售净利率基础上提高则要容易得多。当然还要考虑销售净利率未来能否保持：如果未来销售净利率还会下降，升值成为负数，那么营收越大，亏损也就越大；如果未来销售净利率能够保持较高水平甚至继续上升，那么足够庞大的营收规模就是未来盈利爆发式增长的土壤。

最后，还有一点很重要，一家公司可以牺牲净利润来形成壁垒，为以后长远的盈利打下基础，而很多投资者都没有注意到壁垒的重要性。

第四节　股利贴现模型

股利贴现模型（dividend discount model），简称DDM，是由威廉姆斯和戈登于1938年提出的股票价值评估模型，为定量分析虚拟资本、资产和公司价值奠定了理论基础，也为证券投资的基本分析提供了强有力的理论根据。

计算公式为：

$$V=\sum_{t=1}^{\infty}\frac{D_t}{(1+r)^t}$$

其中V代表每股股票的内在价值；D代表第t期支付的股息或红利；r是贴现率，又称资本化率。

公式含义为，每股股票的内在价值是其逐年期望股利的现值之和。

假设某公司已经进入经营成熟期，预计第1年支付股息1元，第2年支付股息0.9元，第3年支付股息0.85元，合理的股票收益率是7%，那么该公司的股票价值根据股利贴现模型计算如下：

$$\begin{aligned}V&=\frac{D_1}{1+r}+\frac{D_2}{(1+r)^2}+\frac{D_3}{(1+r)^3}\\&=\frac{1}{1+7\%}+\frac{0.9}{(1+7\%)^2}+\frac{0.85}{(1+7\%)^3}\\&=2.42(\text{元})\end{aligned}$$

根据一些特别的股利发放方式，DDM模型还有以下几种简化的公式：

1. 零增长模型——股利增长率为0，未来各期股利按固定数额发放。

计算公式为：

$$V=\frac{D_0}{r}$$

其中V为公司的股票价值，D_0为当期股利，r为固定的股利回报率或资本成本。

我们假设，某公司约定未来每年都发放每股3元红利，该股票的理论收益率为8%，那么该公司的股票价值根据股利贴现模型计算如下：

$$V=\frac{D_0}{r}=\frac{3}{8\%}=37.5(\text{元})$$

2. 不变增长模型（又称戈登模型）——股利按照固定的增长率g增长。

计算公式为：

$$V=\frac{D_1}{r-g}=\frac{D_0(1+g)}{r-g}$$

注意以上的$D_1=D_0$（$1+g$）是指下一期的股利，而非当期股利。

假定某股面值1元，基年盈利0.50元/股，盈利成长率为5%，股利支付率90%，折现率为10%，那么该公司的股票价值根据股利贴现模型计算如下：

$$V=\frac{D_0(1+g)}{r-g}=\frac{0.50\times(1+5\%)}{10\%-5\%}\times 90\%=9.45(\text{元})$$

3. 三阶段股利增长模型的简化版（H模型）——为了最大限度保留对股票内在价值的计算能力、简化计算过程所得到的简化版。

计算公式为：

$$V=\frac{D_0(1+g_b)}{r-g_b}+\frac{D_0H(g_a-g_b)}{r-g_b}$$

假设某公司现期每股派发股利2元。目前的增长率是25%，分析师预计在未来10年中将会线性回落至5%的稳定增长。对股权的必要收益率为15%，H=5，那么该公司的股票价值根据股利贴现模型计算如下：

$$V=\frac{D_0(1+g_b)}{r-g_b}+\frac{D_0H(g_a-g_b)}{r-g_b}=\frac{2\times(1+5\%)}{15\%-5\%}+\frac{2\times 5\times(20\%-5\%)}{15\%-5\%}$$
$$=36(\text{元})$$

4. 多元增长模型（multiple-growth model）——假定在某一时点T之前红利增长率不确定，但在T期之后红利增长率为一常数g。

计算公式为：

$$V=\sum_{t=1}^{T}\frac{D_t}{(1+r)^t}+\frac{D_{T+1}}{(1+r)^T(r-g)}$$

假定某公司的经营进入了成熟期，预计第1年支付股息1元，第2年支付股息0.9元，第3年支付股息0.85元。第3年后，股息预计每年下降3%。合理的股票收益率是6%。那么该公司的股票价值根据股利贴现模型计算如下：

$$
\begin{aligned}
V &= \sum_{t=1}^{T}\frac{D_t}{(1+r)^t}+\frac{D_{T+1}}{(1+r)^T(r-g)}\\
&=\frac{1}{1+6\%}+\frac{0.9}{(1+6\%)^2}+\frac{0.85}{(1+6\%)^3}+\frac{0.85\times(1-3\%)}{(1+6\%)^3(6\%+3\%)}\\
&=10.15(\text{元})
\end{aligned}
$$

股票价格是由股票市场的供求关系决定的，但价格总体上是围绕股票的内在价值上下波动的。因为上市公司会定期发放股利，所以股票的内在价值就是由公司逐年发放的股利决定的。通过精确计算一家公司的内在价值来指导投资者的决策，这就是股利贴现模型对我们股票投资的意义。

股票的内在价值可以用股票每年股利收入的现值之和来计算得到；股利是发行股票的上市公司给予股东的回报，按股东的持股比例进行利润分配，每一股股票所分得的利润就是每股股票的红利。这种估值方法的思路是，假设你一直持有某家公司的股票，那么你逐年从公司所获得的股利的贴现值就是这个股票的内在价值。

股利贴现模型有几个基本假设：股利支付是永久的，股利增长率是近似永续的，因此可以用股票每年股利收入的现值之和来计算股票的内在价值。在实际使用中，简单应用股利贴现模型来计算股票价值，不要追求计算无限的股利贴现价值，而应该从可靠渠道，统计历年的股利以及对应的资本成本，然后进行加权，计算出投资该股票的加权资本成本，就可以作为评估股票价值的重要参考了。

第五节 PEG估值法

PEG指标（市盈率相对盈利增长的比率指标）是用股票的市盈率除以企业的盈利增长速度。PEG指标是英国投资家吉姆·斯莱特发明的一个股票估值指标，是在市盈率估值的基础上发展起来的，其计算公式是：

PEG=市盈率÷（企业年盈利增长率×100）

市盈率的原理是要算出按照企业目前的盈利水平全部分红，需要多少年可以把投资的钱赚回来。这里投资的钱，也就是买股票所花费的钱。但是市盈率计算依据的是企业目前的盈利数额与股价的关系，而忽略了企业未来的成长性。

举例来说，甲公司和乙公司第一年每股收益都是2元，股价都是12元，那么两者目前的市盈率都是6倍。但是甲公司利润增长很慢，到第二年每股收益依然是2元，12元股价对应6倍市盈率。而乙公司利润增长很快，到第二年每股利润将变为3元，12元的股价就对应4倍市盈率。如果要维持乙公司6倍的市盈率，那么乙公司的股价就应该涨到18元每股。以上两家公司，虽然市盈率都是6倍，但是因为乙公司盈利增长很快，所以乙公司理应享有更高的市盈率，而不是把和甲公司一样的6倍市盈率视为合理股价。

使用PEG指标就可以弥补被市盈率指标忽略掉的，企业盈利率增长的要素。比如市场上有许多股票具有远高于股市平均水平的市盈率，用PEG指标就可以很好地解释这种现象：因为这些股票未来的盈利增长率更高。将市盈率和公司的盈利成长性结合起来看，那些具有高市盈率的股票就是合理的，这就是PEG估值法的作用。PEG同样是一种非常重要的相对估值法，在某些情况下，它还是股价波动的决定性因素。在实际操作中，PEG估值法通常采用公司目前的市盈率除以公司未来一段时间的每股收益复合增长率的100倍。比如一只股票当前的市盈率为40倍，其未来几年的预期每股收益复合增长率为20%，那么这只股票的PEG值就是2。如果某股的PEG值大于1，根据PEG指标来说这只股票的价值就被高估了。通常绩优蓝筹股的PEG值都会低于1，以反映其业绩已经达到很高水平，未来增长速度较慢的预期。

PEG估值法最关键的还是企业净利润增长速度应该如何合理地选取，实际操作中最简单的办法，其实就是用企业最近一段时间净利润同比增速来计算。

例如美的集团，根据其财报数据2018年前三季度净利润为179亿元，同比增长19.35%。而截至2018年12月31日美的集团的动态市盈率是10.17倍。

那么美的集团的PEG值就是10.17÷19.35=0.53，他的PEG值小于1很多，所以美的集团2018年底的估值属于严重低估，股价仍有较大的上涨空间。

PEG估值法非常简单，我们在实际操作中可以直接拿企业净利润同比增速与市盈率简单比较一下。如果市盈率大于净利润增速就代表股价被高估了，相差越大代表高估越严重；市盈率小于净利润增速就代表股价被低估了，相差越大代表低估越严重。投资者平时在看业绩的时候就可以采取这个办法大致预估股价的高低。

当然，采用净利润同比增长率来计算，只考虑了最近一年，甚至一季度的业绩增长情况，就容易因为企业某一阶段盈利异常波动而导致估值出错。所以，实际计算的时候，通常选取公司一段时间的利润复合增长率，也就是过往数年的企业利润平均增长率，可以用三年、五年或者十年来计算。

我们下面来看看格力电器的例子。

格力电器2014年的净利润是141.55亿元，经过三年的发展之后，2017年的净利润增长为224.02亿元。三年来净利润复合增长率就是$\sqrt[3]{224.02 \div 141.55} - 1 = 0.1654$，即三年下来格力电器平均每年净利润增长为16.54%。

用格力电器2018年底的静态市盈率9.59除以16.54，得出的结果是PEG=0.5798。数值大幅低于1，也就是估值很低，可以估算出股价理论上涨空间还有72.47%。

从公布的数据来看，格力电器2018年前三季度的净利润同比增速与此前三年的净利润复合增速相比有所提高，企业盈利的增长速度有所加快。这种增速的加快是否可以在2018年最后一个季度得以延续，现在还不能下定论。但是起码可以说明企业情况是逐步向好的，可以乐观一些。也就是说，如果我们用动态市盈率来计算，那么PEG数值会更低。

PEG值的计算与净利润增速如何选取有着非常密切的关系，选哪个数值作为计算因子，需要投资者根据估值企业的具体情况灵活判断。

投资者在选择股票的时候，应该尽量选择PEG值远低于1的个股。这也是股神巴菲特的选股原则，像目前格力电器这样低估很大的股票，他也会考虑买入。他考虑买入的股票，估值最好要远低于其应有的价值。

PEG指标在实际操作中最好要尽可能选取长期的数据来计算，企业盈利增长率的选取至少要考虑三年以上，而不能只用一年以内短时间的盈利预测，这样才能提高指标判断的准确度，此时使用PEG指标的效果就非常理想。此外，比较一家公司的PEG值，还应参考其在同类个股中的相对高低。例如某公司股票的PEG值为1.5，而与其同行业公司股票的PEG值都在2以上，那么该公司的价值仍可能被低估。

PEG指标是我们寻找目前盈利不理想但未来具有高成长性股票的利器。自2018年下半年以来，钢铁板块持续低迷，银行板块小幅回升，而酒类股票则大幅回升，这些现象和以上板块的PEG指标之间具有密切联系。以酒类股票的龙头股贵州茅台为例，虽然经营规模已经非常庞大，但考虑到涨价因素，贵州茅台未来三年的预期复合年增长率仍在25%左右，而其2018年底的股价对应于2018年前三季度收益率的动态市盈率则在22倍左右，PEG值为0.88，这仍然属于低估的水平。换句话说，股价的上涨体现了未来盈利增长的前景依然乐观。

银行板块的龙头未来三年的预期复合增长率在5%以下，而其2018年前三季度的动态市盈率一般在6倍左右，PEG值为1.2。相对于2003~2013年PEG值为0.5左右的银行股，现在它们上涨的动力确实大不如前。同时，由于其市盈率已经非常低了，多只银行股分红率甚至高于定期存款利息，其未来下跌的空间已经不大，所以其走势上显示出上下两难的态势。而钢铁股自2016年以来的复苏超出了很多机构的预期，但钢铁过剩的局面并未根本改变，市场对钢铁股未来三年复合增长率的预期分歧很大，普遍在较慢的8%左右，而钢铁龙头股2018年底的动态市盈率在7.5倍左右，PEG值为0.94，其PEG值虽然仍低于1，但是考虑到钢铁板块传统制造业的属性，如果政策面没有大的变化，未来难以出现持续上涨的局面。

当然，PEG估值法不能包打天下，实战中还必须结合国际市场、宏观经济、产业政策、行业景气度等多种因素综合评价!

第六节　企业价值倍数估值法

企业价值倍数估值法的含义为企业价值与利息、税项、折旧及摊销前盈利的比值，又称企业价值倍数（简称“EBITDA”）。

其计算公式为：

企业价值倍数=EV ÷ EBITDA

EV代表企业价值=市值+总负债-总现金=市值+净负债；

EBITDA代表未扣除利息、所得税、折旧与摊销前的盈利=营业利润+折旧费用+摊销费用；

EBITDA指标最早是用作企业收购兼并的定价参考标准，现在已广泛用于对公司价值的评估和股票定价。这里的公司价值不是资产价值，而是指企业的内在价值，也就是要购买一家持续经营的公司需要支付多少钱。这笔钱不仅包括对公司盈利的估值，还包括需承担的公司负债。企业价值被认为是更加市场化及准确的公司价值标准，其衍生的估值指标如EV/销售额、EV/EBITDA等被广泛用于股票定价。

EBITDA一般适用于资本密集、准垄断或者具有巨额商誉的待收购公司，这样的公司往往因为大量折旧摊销而压低了账面利润；还适用于净利润亏损，但毛利润、营业利润没有亏损的公司。EBITDA估值方法不适用于固定资产更新变化较快的公司，净利润、毛利润、营业利润全部亏损的公司，资本密集、有高负债或大量现金的公司。

和市盈率等相对估值法指标的用法一样，EBITDA的数值也需要和行业平均水平或历史水平进行比较以确定是否合理，不同行业或板块估值水平也应该不一样。

如今，EBITDA已经被部分投资者用来衡量公司业绩，但如果单一使用该指标来衡量公司业绩和现金流也容易被误导。因此，投资者最好结合其他指标使用，效果更佳。

第七节　重估净资产法

重估净资产法和前几节介绍的几种估值方法一样，都属于相对估值法。重估净资产法主要适用于房地产企业或有大量自有物业的公司。其思路为公司持有的房地产物业按市场价出售应值多少钱，如果按现有股价买下公司所需的钱少于公司按市场价出卖自有物业能得到的钱，那么说明该公司的股价在二级市场被低估了。具体来说，开发物业的净资产值，等于现有开发项目以及土地储备项目在未来销售过程中形成的净现金流折现值减负债；投资物业的净资产值，等于当前项目净租金收入按设定的资本化率折现后的价值减负债。计算公式如下：

重估净资产（RNAV）=（物业面积市场均价–净负债）÷总股份

其中：

净负债=总负债–公司现有货币资金

使用重估净资产法对企业进行估值，应该细分公司的物业类型，并分别估算其市场价值，如住宅、商业地产、写字楼等。如果公开数据找不到公司的物业面积和市场均价等数据，就需要进行实地调研。

如果公司股价相对算出来的RNAV数值有较大折扣，则说明该公司股价有可能被低估了。物业面积、市场均价和净负债是最终决定RNAV值的重要参数，一定要确保准确无误。资产负债率越高，得出的RNAV值就越低；总股本越大，得出的RNAV值就越小。

具体估值时需要对公司各块资产分别进行市场化的价值分析，从资产价值角度重新解读公司内在的长期投资价值。如果某公司的股价相对其RNAV值存在较大幅度的折价现象，则显示其股价相对公司真实价值被明显低估，此时进行投资买入比较安全。

重估净资产法最大的作用就在于它为企业价值设定了一个估值底线，尤其是对很多地产项目公司尤为适用。

第八节　格雷厄姆成长股估值公式

本杰明·格雷厄姆享有“华尔街教父”的美誉，同时他也是股神巴菲特的老师，对于价值投资来说，格雷厄姆更是开山鼻祖一级的人物。

格雷厄姆在《聪明的投资者》一书中曾提到“一个简单的公式用于成长股的评价。这个公式得到的价值数据相当接近于那些用更精密的数学方法计算出的结果”。信奉价值投资的读者更应该熟悉他的这个估值公式：

公司价值=当期利润×（8.5+两倍的预期年增长率）

数学公式为：

$$V=EPS\times(8.5+2G)$$

V——股票价值（value）；

EPS——当前每股收益（earning per share）；

G——预期年增长率（rate of growth），为去掉百分号后的数值。

这个公式变化一下，可以表示为：

$$\text{市盈率}=8.5+\text{两倍的预期年增长率}$$

从公式看，格雷厄姆提出的这一估值模型既考虑了当前业绩状况 *EPS*，也考虑了企业未来前景，尤其强调企业的预期年增长率*G*。格雷厄姆认为决定成长股价值的参数包括：①常数参数8.5；②当前每股收益 *EPS*；③公司预期年增长率*G*。

实际操作中，我们需要对该公式做一些调整，由于历史因素，我国A股上市公司普遍不喜欢现金分红。长期来看，A股市场股票的平均派息率只有30%上下。A股市场的很多高成长企业，实际上并不见得比国外的高成长企业盈利能力更强，只是因为其保留了更多的留存利润用于再投资，所以使得利润增长更快。如何调整，就要根据具体情况，结合需要估值个股的财务数据灵活调整。

我们用A股中的典型成长股举例来看，如贵州茅台，2017年每股收益21.56元，现在很多机构仍然预计未来随着涨价因素以及销量的缓慢增长，该股未来每股收益的增长率可以达到20%，我们计算其公司价值为：

$$V=EPS\times(8.5+2G)=21.56\times(8.5+2\times20)=1045.66\text{（元）}$$

贵州茅台2018年底的股价为590元左右，所以只要未来能够保持20%的盈利增长幅度，其股价仍有很大上涨空间。

第九节　重置成本法

重置成本法简称成本法，是指在进行公司估值时按被评估企业资产当时价格的重置成本再扣除各项损耗来确定被评估企业价值的方法。[①]

重置成本法是从成本的角度来对公司价值进行估值，它采取的手段就是计算新建一个全新的公司所需的成本，这家新公司与估值对象完全相同或功能基本相同。如果估值对象是一座全新的工厂或一套全新的设备，则估值对象的价值完全等于它的重置成本。正常情况下，在市场进行交易时，购买者需要支付的价格不会超过按市场标准重新购置或新建一项资产所付出的成本。如果估值对象的资产已经使用过，还应该从重置成本中扣减在使用进程中的自然磨损、技术进步或外部经济环境导致的各种贬值。因此，成本法是通过估算被评估资产的重置成本和资产实体性贬值、功能性贬值、经济性贬值，然后将重置成本扣减各种贬值后的净值作为被评估公司价值的一种方法。其计算公式为：

公司价值=重置成本–实体性贬值–功能性贬值–经济性贬值

　　　　=重置全价成新率

① 李红勋：《资产评估与管理》，中国林业出版社，2000。

以上公式又可以表述为：

公司价值=重置成本×（1-综合贬值率）

进一步可简化为：

公司价值=重置成本×成新率

在使用重置成本法对企业进行估值时，一般需要四个前提条件：

（1）潜在收购方对拟行交易的估值对象，不改变其原用途。

（2）估值对象的实体特征、内部结构及其功能效用必须与假设重置的全新资产具有可比性。

（3）估值对象必须是可再生、可复制的，不能再生、复制的评估对象因其稀缺性而具有更高的市场价格，因此不能采用此法。

（4）估值对象必须是随着时间的推移，具有陈旧贬值性的资产，否则也不能采用此法。

一般来说，运用重置成本法对企业进行估值的时候，估值资产一经确定即应根据该资产实体特征等基本情况，用当前的市价估算其重置全价。下一步，就要确定估值资产的已使用年限、剩余可使用年限及总使用年限。然后，应用年限折旧法或其他方法估算资产的有形损耗和功能性损耗。最后，使用重置成本法公式，计算出估值资产的价值。

重置成本法是国际上公认的资产评估三大基本方法之一，具有较强的科学性和可行性。特别是对于不存在无形陈旧贬值或贬值不大的资产，只需要确定重置成本和实体损耗贬值；而确定两个评估参数的资料，依据又比较具体和容易搜集到，因此该方法在公司估值中具有重要意义。它特别适宜对单项资产和没有收益，市场上又难找到交易参照物的公司进行估值。

当然，重置成本法也有其自身的局限性，主要注意以下几点：

（1）用重置成本法对公司整体资产估值，需要将整体资产化整为零，变成一个个单项资产，并逐项确定重置成本、实体性陈旧贬值及无形陈旧贬值。因此，很费工费时，有时会出现重复和遗漏的错误。

（2）无形损耗引起的功能性贬值很抽象。而且，还得运用收益现值法进行计算，容易造成估值的错误。

（3）运用重置成本法对公司估值，很容易将无形资产漏掉。应该再用收益法或市场法验证。

（4）运用重置成本法进行公司估值，需要对估值对象的功能性及经济性贬值做出判断。有的评估项目还必须辅之以收益现值法。

第三章

财务视角下的估值考量因素

估值本身并不是无源之水，在投资行业中摸爬滚打很久的投资人都达成了一个共识，即所有的公式和理论仅仅只能作为工具，只能作为应该考虑的因素之一，而不能把任何东西都想当然地认为能够“一招鲜，吃遍天”。对公司进行估值同样也是如此，我们需要结合多个层面来进行分析，并以此来尽可能地做出最详细的决策。

第一节 与企业具体情况相结合

在A股市场进行投资时，对一家上市公司进行估值，首先要对企业的基本情况进行分析，那么需要关注的基本情况有哪些呢？下面我们对这些需要关注的重点一一分析。

一、了解企业产品、竞争优势、市场容量等情况

了解企业的基本情况就是要了解企业的生产产品的市场容量和市场前景以及未来是否有足够的发展空间。当我们开始对一家上市公司的财务报表进行分析时，并不是直接拿着公司的三大报表就开始进行逐项分析，而是详细阅读了解该公司的基本情况、生产经营特点以及所处行业。

以格力电器为例，通过阅读年报，可以对企业有一个大致了解：该公司主要从事空调生产和销售，主营业务占比非常高，说明公司是一个“务正业”的公司。公司在2017年度营业收入达到1500亿元，比上年同期增幅达到36%，在企业营收量级达到千亿规模的情况下，实现如此大的年度增幅是非常了不起的事，这凸显了格力电器在国内空调行业独一无二的龙头地位。

前面提到，格力电器既然是一家“务正业”的公司，那么肯定有“不务正业”的上市公司。所谓不务正业，就是不好好经营主业，管理

团队满脑子想着理财、炒股、收藏、炒房、放贷，投资手法让人眼花缭乱，这种公司在我国A股市场比比皆是。

从对格力电器基本经营情况的分析中我们可以明白一个道理：对一家公司的估值不能简简单单地计算现金流、折现率等指标，还要机动地判断企业发展前景，如企业未来的增长率有多高。切记不要想当然地用过去的经营情况去预测未来情况的好坏，需要结合公司管理层的战略部署以及产品的大众接受度来综合判断公司的持续增长期。

二、评估企业的股东背景

俗话说得好："有一个好爹，可以少奋斗十年。"如果一家公司的控股股东、参股股东资金深厚，毫无疑问，他们能够在将来面对危机时提供足够的资金保障以帮助企业渡过难关。

以格力电器为例，该公司的控股股东一直是珠海格力集团，该集团是珠海市属国企中目前规模最大、实力最强的企业集团之一，其实际控制人是珠海市国有资产监督管理委员会。国资委管辖下的企业意味着什么？意味着企业有国家在背后撑腰，一旦公司经营遇到困难，作为整个市场的龙头企业，政府能不救吗？同时格力电器自身发展战略也取得了很大成效。近年来，格力集团推行"集团多元化、各子公司专业化"的发展战略，取得了显著成就。格力空调已然成了中国的一张名片，在全球都具有一定的影响力。

三、关注审计报告的类型

投资者务必注意，专业审计机构对该公司出具的是一个标准无保留意见的审计报告，这表明该公司的经营情况和财务数据是得到专业审计机构认可的。通常情况下，我们应该特别警惕那些专业审计机构发表“无法表示意见”“持保留意见”之类的审计报告，因为这通常预示着企业出现重大困难，会计师出于职业道德和法律责任，不敢或不愿出具无保留意见。而出现这些情况的原因有几种，比如：公司有息负债过高导致资金链断裂，导致财务困难；企业上市初期涉嫌严重财务造假，使得会计师只能出具无法表示意见。

四、关注公司是否处在舆论漩涡里

舆论导致一个企业破产的案例数不胜数，在中国资本市场里也有很多例子可以借鉴。比如，2008年的三聚氰胺事件持续发酵，整个奶粉行业出现巨亏，资不抵债的公司直接破产，这背后的缘由是什么？原因就在于当一家公司生产的产品触犯了公众的道德底线，触发了消费者的抵制情绪时，其影响就像多米诺骨牌般不可估量。还有就是2018年的长生生物疫苗事件，长生生物是一家生产疫苗的医药企业，经媒体曝光其生产产品出现大量的造假后，公司遭受致命打击，公司的整个生产经营活动直接中断，公司董事长直接被刑事拘留，面临牢狱之灾，公司的股价直接连续跌停。这样的情况一旦发生，会令投资者损失惨重。

舆论为什么会有如此大的威力能够决定一家企业的命运？很好理解，就是侵犯了消费者的合法权益而导致的。因为关系到民生、食品安全等方面，公司丑闻一旦被揭发，引起的多米诺骨牌效应将会非常巨大，会导致消费者群起抵制公司的产品，不仅企业的整个经营活动都会出现中断，同时还会引起国家监管机构的介入。在这样的背景下，企业很可能支撑不住造成股价暴跌，严重的甚至退市、破产。

五、群体性共识对估值的影响

“羊群效应”带来的价格波动幅度是巨大的，可以在短时间内出现价格的急涨或者急跌。这样的价格剧烈波动从长远来看对公司价值几乎没有影响，但是短期来看却有可能跌出估值的洼地，因为价格的巨幅波动通常伴随而来的是投资者的不理智行为，一旦出现情绪决定行为的时刻，股票价格就会降低到一个非常低的水平，这时候，价值投资也就出现了。

当公司股票价格出现在一个极低的水平界限后，投资者应该问一问自己：为什么卖家会毫无顾忌地抛售？是因为公司遇到了绝境并且生还的可能性不大，还是因为一些技术因素（比如说强制平仓）出现抛售。思考的背后决定了投资者面对这样的价值洼地是否应该介入。

股市历史上出现的历次大底几乎都和群体性共识有关。2008年的金融危机，群体恐慌性抛售使得上证指数从6124点快速跌到1700点左右，随之而来的就是一波指数的翻倍反弹行情，这背后的成因肯定与群体性心理波动脱不了关系。同样地，某些公司出现重大“黑天鹅”事件，股价直接连续一字板跌停，背后的恐慌心理从股价波动上已经能够明显感受出，那么，最重要的是什么呢？最重要的就应该是在危机过后，投资者是否能够理性分析背后是否存在真正的投资机会，而不是人云亦云，慌不择路地抛售。

第二节　与公司经营好坏相结合

公司的财务情况不可能永远是一成不变的，它会随着行业的变迁，产品的更替出现剧烈的变化，如果过去的财务能够预示公司未来的财务好坏，那么投资这个行业就太简单了。

何谓估值，估计的是未来的价值而不是现在或者过去的价值，过去的价值对现在无用，现在的价值对将来无用，既然知道了现在的价值，这些数据就不再具有价值了。我们可以通过公司财务状况的变化分析出公司经营情况的变化，公司经营情况的变化会引起公司价值水平的变动，也就是估值水平的变动，因此我们需要关注企业财务情况的变化，那么企业的财务情况需要关注哪些方面呢?

下面，我们以格力电器为例进行分析。

一、对基本指标进行分析

首先看一个指标，毛利率的计算公式如下：

$$毛利率=\frac{毛利}{营业收入}$$

格力电器在2017年度毛利率达到33%，相比于同行业其他公司，其毛利率处于市场领先地位；纵向来看，公司历年产品毛利率都维持在30%左右，说明公司产品的毛利波动稳定，受市场的不利变化影响小，也从侧面体现了公司产品的核心竞争力。

再看净资产收益率，计算公式如下：

$$净资产收益率=\frac{当年净利润}{当年净资产}$$

格力电器2017年度的净资产收益率高达37%。一般来说，资本市场的股东报酬率在15%~20%，公司拥有如此高的净资产收益率，对投资者来说是极具吸引力的。

纵向来看，公司历年的净资产收益率都稳定地维持在一个较高的水平，说明公司的盈利具有稳定性，而不是某一年的利润急剧升高而导致的。值得一提的是，股神巴菲特在研判一家公司的时候是非常看重这一指标的，净资产收益率越高，从侧面可以知道公司产品的竞争壁垒有多高，产品护城河有多深。

接下来，我们再看两个重要指标：流动比率和资产负债率，计算公式如下：

$$流动比率=\frac{流动资产}{流动负债}$$

$$资产负债率=\frac{年末负债总额}{年末资产总额}$$

查阅该公司2017年报相关数据得知，公司流动比率为1.14，资产负债率为68%。通过比较行业内其他相关公司，这两个指标一看其实是没有吸引力的，更多的是对公司财务状况的一种担忧。但是通过详细拆分这些指标的具体数值构成，就会发现其中的端倪：我们将负债总额按时间周期拆分来看，格力电器2017年负债总额1481亿元，其中流动负债高达1474亿元，长期负债几乎可以忽略不计。

看到这组数据，你可能会对公司的财务状况有更多担忧，担心公司是否能够有足够的资金对这些短期负债进行偿还。不过，我们通过详细拆分企业的流动负债发现，其短期银行负债为186亿元，占比不到10%，公司流动负债中占比最大的属于应收票据、应收账款及预收账款，款项总额接近600亿元，同时流动负债中的异常项目也值得关注，其他流动负债规模达到600亿元。

从财务报表附注中可以看到，公司600亿元的流动负债项主要是由销售返利构成的，如此大规模的销售返利也可以从侧面反映出公司产品的紧俏性，同时该流动负债的偿付时间没那么急迫。

从流动资产项目来看，货币资金项目达到1000亿元，这就说明公司账面上的现金就可以直接覆盖掉其有息负债，应付款项数值如此大，应该是企业对上游供应商的议价能力极强，可能是采取一种战略，有意识地延迟上游厂商资金到账以获得短期投资效益。

总的来看，公司的部分指标虽然不能尽如人意，但进行拆分细看后，可以发现格力电器是一家拥有宽广“护城河”的公司，因此，千万别被部分表现不佳的指标蒙蔽。

二、对利润表和利润质量的进一步分析

分析完几个关键的基本指标之后，再对利润表和利润质量做进一步

的分析研判，其中有以下三点需要特别关注。

（1）公司主营业务优势明显，营业收入增长迅猛，在千亿量级的基础上还能有30%的增幅是非常了不起的。同时，从销售组成来看，公司的营业收入主要由主营业务构成，其他销售收入组成比例非常小，说明公司专注主营业务，未来发展可期。此外，公司的内销业务规模持续增长，外销增长速度较慢，外销收入很可能是企业未来的增长点。更重要的是，公司的核心业务始终保持着增长态势。

（2）企业的毛利率始终保持平稳，说明公司的产品稳定性很高，受市场冲击力的影响偏小。三费（销售费用、管理费用和财务费用）里面，公司销售费用、管理费用占比非常大，是分析的重要科目；从增长幅度来看，管理费用、销售费用的增长幅度和营业收入的增长幅度总体上一致，与企业的业务发展和竞争激烈的市场情况也相吻合，同时销售费用和管理费用的绝对值规模也从侧面说明了企业强大的资金实力。

（3）资产减值损失规模较小，对利润影响不大，同时也表明企业资产的管理质量较高，更表明企业对未来的发展充满信心；企业的投资收益不高，格力电器每年的投资规模并不大，说明公司专注主营业务，并没有进行其他的投资；营业外收入规模不大，说明企业不依赖政府补贴且独立获得利润的能力较强，这种情况比那些纯粹靠政府补贴维持生存或账面靓丽的公司要强很多，也是投资者重点研究跟踪的对象。

三、对现金流量表及现金流量的质量进行分析

最后，再对现金流量表及现金流量的质量进行拆分观察。这一方面，如下三点尤为关键，不可轻视。

（1）企业当期现金流量的基本态势。总体来看，格力电器2017年报显示的现金与现金等价物净增加额为-500亿元，这一数值足以令人惶惶不安。一个企业经历了大幅增长后，现金等价物还莫名少了500亿元肯定是令人担心的。但拆分来看就知道，企业在2017年度经营现金流量净额为163亿元，投资活动产生的现金流量净额为-622亿元，筹资活动产生的现金流量净额为-22亿元，这样一来就可以知道企业2017年现金等价物的大幅减少主要是投资活动现金流量的大幅减少而导致的。

为了了解具体的投资方向，我们再次把投资活动项目进行具体分析，发现企业用于购建固定资产、无形资产和其他长期资产使用的现金仅仅为24亿元左右，这肯定与巨大的投资现金流出没有形成匹配关系，但是经过深度剖析，发现造成投资活动现金巨额流出的项目是“支付其他与投资活动相关的现金”，其科目金额达到惊人的514亿元，这个不相关项目金额如此巨大，原因是什么？通过查阅财务报表对该项目的附注解释，发现其中的组成结构中“定期存款净增加额”就高达508亿元。定期存款是理财产品的一种，可以简单地看成是货币资金的另一种表现形式。至此，该公司2017年的现金与现金等价物净增加额为-500亿元就真相大白了，公司不过是把银行上的账面流动资金转换成了一种定期存款，是一种“左手倒右手”的操作模式，这就意味着这个项目的巨额异变不是公司的经营状况发生改变而导致的。

（2）经营活动现金流量的充分程度。通过前面的学习，我们已经知道一个企业的经营活动现金流量净额，能否覆盖固定资产折旧、无形资产摊销与其他长期资产摊销、支付现金股利、支付利息费用等项目，是判断公司经营情况好坏的一个重要因素。从格力电器2017年的经营情况看，公司经营活动产生的现金流量净额为163亿元，公司每年的折旧和摊销费用大约为23亿元（通过现金流量表补充资料得出，是一个毛估值），公司2017年支付的股利为112亿元左右，支付的利息费用为4亿元左右，公司的经营活动现金流净额能覆盖以上所有项目，说明公司的经营活动是高质量的。

（3）投资活动的现金流量与企业发展战略之间的吻合程度。格力电器2017年投资活动的现金流出量达到662亿元，但其中购建固定资产、无形资产和长期资产的投资现金仅仅为24亿元，而定期存款额度达到508亿元，这说明企业现在并不是处于大幅扩张期。在回顾企业近年来的发展规模和营业收入规模时，公司当前可以基本定义为成熟发展阶段，在这个阶段企业大部分的利润和现金流都会逐渐流向公司，通常这类公司用现金流估值是比较合适的。

从上面我们的分析中，读者也许会提出这样一个疑问：公司的现金流如此充沛，完全没有必要进行任何筹资活动，为何还要向银行借款？这是因为企业在特定时期筹资有其合理性，有助于保持与银行系统的长期合作关系。当然，从报表上来看，格力电器如果取消这些不必要的筹资活动，企业的经营指标或者负债指标将会更好。

第三节　与企业财务情况相结合

估值的前提条件就在于公司的财务状况大部分是真实可信的，一旦公司的财务数据出现大面积的失真，那么以此为基础的估值和预测就像水泡一样，一触即破！

预防财务造假是投资者必须具备的一项基本技能，如果忽略这一点，那么面对以后的“黑天鹅”事件，将有可能出现重大亏损！

通过上市公司的年度财务报表精准分析财务报表是否造假是极其困难的，但是，通过分析比较同一行业不同公司的异常数据，分析风险积聚的资产科目，以及公司实施的具体战略，可以保证投资者对某项投资的一项具体风险的认识，为我们以后预防和控制风险做好准备。

对投资者来说，一旦对某一件事保持极高的警惕性后，就会让自己处于一个相对安全的位置，进而做出利于自己的决策。换言之，如果你对一家财务报表出现异常的公司还存在侥幸心理，甚至不管不顾，那就必然要受到市场的惩罚了。

通常情况下，一场危机的爆发都是由某一个点引爆，加上新闻媒体的推波助澜，引起民众的恐慌，然后负面信息通过传播，更多被隐藏的问题公之于世，最后彻底引爆危机。公司财务造假也不例外，正常情况下，公司看起来发展平稳，甚至各种好消息经常见诸报端，但一旦某个隐藏在水下的问题被曝光（如资金链断裂、产品出现质量问题、消费者维权等），很可能突然就会对企业造成致命打击。因此，分析企业财务报表可以让我们提前规避这样的风险。

财务造假手法层出不穷，但其本质并没有很大变化，首先，我们从财务报表的视角分析公司财务舞弊后其体现的共通点。

负债的持续性增长本身蕴含着巨大风险。企业要想发展离不开对外举债，一个健康发展的企业往往自身能够创造出稳健的现金流，在这样的情况下，企业纵然对外举债，到还债日也能够有充足的资金进行偿还。但是企业如果开始频繁、巨额地对外举债，并且主营业务创造不了足够的现金流，一旦公司资金链条破裂，很容易引发财务问题。

“其他”科目是财务舞弊的风险集聚地。“其他”科目包括资产负债表中的其他应付款、其他应收款、其他流动资产等，这些科目本就是资产负债科目中次相关的科目，如果金额巨大，那么尤其需要重点怀疑。

关联交易的往来可以迷惑投资者对正常主营业务收入的真实判断。因为巨额的关联交易可以人为地做大业务收入，使得企业表现出繁荣发展的表象。因此，我们在分析财务报表时应该重点注意企业是否与关联公司有互相销售、采购的情况。如果存在虚构的关联交易，其销售收到的资金往往会通过采购交易还给关联公司，从而完成资金的闭环。在分析巨额交易时，需要重点关注交易的真实性和企业与交易对手是否存在实质性关联关系。

固定资产增速较快。固定资产增长太快通常与企业的扩张式发展是分不开的，如果一家企业固定资产增长大幅提高，伴随而来的是企业产能的扩张，那么这样的增长对企业很可能是有利的。但是某些“不务正业”的企业却往往拿固定资产做文章，比如说，如果公司存在体外补给成本的情况，那么往往需要通过虚构在建工程、预付款项等形式实现资金的回流。

毛利率显著高于同行业其他公司。首先，应该知道毛利率显著高于同行业其他公司的原因，如果一家企业并不是因为先进的生产技术、卓越的管理、优质的产品等，使其产品毛利率畸高，那么对于这样的公司，投资者必须保持警惕。

业绩增长与权威渠道获得的信息不匹配。很多时候，除了沪深交易所，投资者还可以从其他权威渠道查询希望获得的数据，来与公司财报里的数据进行对比研究。一旦二者对不上，或出现大幅差异，就要多一个心眼，想想哪里可能有猫腻了。事实上，公司如果是通过提前确认收入的方式进行财务造假，往往会出现违背常识的地方，如果对财务数据多加分析，一定能发现财务造假的端倪。

2018年中国A股资本市场发生了很多大事，每一件都给投资者带来了血的教训，其中影响比较大的当数曾经的创业板新星乐视网的连续跌停事件。随着舆论的持续发酵和公司债务的曝光，乐视网从历史顶峰股价44.72元/股（复权后）跌到了最低价2元/股，令投资者损失惨重。那么走势的背后能够为我们带来什么样的启示呢？传统的估值方法能够寻找到其价值洼地吗？投资者在事件的后续演变中能够找到投资机会吗？

走势背后的启示在于投资者应该怎样做才能避免如此巨额投资亏损，乐视网这家公司历年的财务状况是否能帮助我们从中发现一点端倪？

频繁的资本运作和大规模的有息负债是一把双刃剑，一不留神就会将自己带入绝境。乐视网在2014—2016年进行了多次非公开增发，同时公司短期有息负债从2013年的7.82亿元增加到2017年的27.55亿元，4年时间短期借款规模增幅超2倍。这样的规模必须要引起投资者的重视，因为在乐视网现金流不够稳健的情况下，很可能会使公司的资金链断裂。

巨额关联交易占据乐视网的半壁江山，乐视网的关联交易达到总营业收入的50%，如此高的集中度说明公司经营很不正常！同时，投资者需要想到，如此巨额的关联交易中将会变成收入操纵的高危区域。还应该想到，高增长的背后，所谓的关联交易的贡献程度到底有多少？如果大部分的增长都是通过关联交易来实现的，那么是否应该对这样高增长的营收打一个折扣呢？

看应收款项对其的验证作用。从年报得知，乐视网的应收账款从2013年的9.5亿元飙升至2016年的86.86亿元，4年累计增加达77.36亿元。如此大规模的应收账款增加虽然与高增速的营业收入相互匹配，但这种匹配仔细研究就会发现隐藏着较大的风险：营业收入2016年（以2013年度营业收入为基数）增加了约200亿元，应收账款也增加了80亿元，其中还有50%的关联交易收入。这三者的关系说明了如此迅猛的高增长其质量并不可靠，因为太多的关联交易穿插其中，大幅降低了企业经营质量的可靠性。同时，应收账款规模如此大，企业的资金回收也是一大难题，一旦出现坏账，公司业绩立即就会出现大幅滑坡。

看应付款项及预收款项。从多年的年报分析中我们发现，乐视网的应付款项从2013年的7.82亿元飙涨至2016年的54.21亿元，预收款项在2015年达到17.3亿元。前面说过，应付款项和预收款项的增高是公司对上游供应商或者经销商的议价能力很强，但乐视网也是这样吗？它对上游厂商具有非常强的议价能力吗？它在这个行业处于何种地位？它的产品具备强劲的市场竞争力吗？

经研究，我们发现乐视网所处行业中的主要竞争对手有爱奇艺、腾讯视频、暴风影音等，公司的核心竞争力主要是版权。关于如何判断公司在整个行业中是否具有不可替代的作用，我们可以采用试问法来判断：如果没有乐视网，可以选择其他平台吗？乐视网的产品可以在其他平台找到吗？转换平台消费者会损失什么？这家公司有我很喜欢的产品吗？……通过系列发问，我们对乐视网这家公司也会有一个清晰的认识：其产品可替代性强，并不是必须拥有。应付款项的金额如此巨大，很可能是因为拖欠货款，同时应收账款的急速膨胀也可以相互印证。

分析事件背后的本质对投资者来说是极其有利的，有句老话说得好，“历史是会重演的”，虽然会有所改变，但是其本质从来都没有多大变化，我们从乐视网事件中得出的经验教训将会在未来为我们的投资保驾护航。

第二个问题随即产生：乐视网事件发生过后，在股价跌幅如此巨大的情况下，是否产生了价值洼地呢？这其中有投资机会吗？

投资机会当然有，可能出现的投资机会类型包括套利和价值投资。

这里的价值投资是指在股价跌幅如此巨大的情况下，企业的整个资产价值相对于市场价值是否有一个较大的安全边际。同时，其投资逻辑支撑点在于事件发生过后所运行的多种可能性结果。而套利在这种情况下是指，通过超跌或者群众恐慌下抛售所带来的隐藏在未来的一波反弹行情。

从价值投资和套利两方面来看，乐视网在公司资金链断裂、资不抵债、舆论一边倒的大背景下，常规性估值所起的作用非常小，其核心的逻辑在于“救”，自己能否通过其他渠道完成自救？其他公司能否通过注资形成他救？各大主力资金在遇到如此巨幅亏损的情况下怎样想办法补救？把这些问题想明白过后，投资者也要适当想想可能发生的最坏情况：公司变卖资产，大幅瘦身，直接破产的可能性有多大？值得注意的是，从投资和套利两个维度来看，投资逻辑可能一样，但是时间节点的选择不同，其收益率将会大打折扣。

第四章

公司营运分析

一家公司的发展是否稳健有序、蒸蒸日上，财务管理是否健康，前景是否值得看好，涉及方方面面的因素。其中，经营战略、竞争战略、管理决策无疑是最重要的几个方面。此外，公司诊断对我们分析一家公司的价值也很重要。本章将对这几大方面进行详细解析。

第一节　经营战略

公司的经营战略是指一个企业为了实现其战略目标而对整个企业进行的综合谋划和管理，它是企业的生存之本，是企业面对市场的基本应对之道，如果经营战略制定不当，将会使企业在激烈的竞争中处于劣势。如何判断一家公司经营战略的好坏？那就要从战略类型、战略要素和战略效果三个维度上进行分析。

战略类型维度主要就是发展战略，其包含了发展策略、发展方针、发展空间、发展目标。战略要素维度主要包括战略方向、战略目标和任务、战略资源、基本策略、战略步骤等。战略效果维度的主要内容是：导向性与适应性结合、强化竞争优势、高效利用资源、资源能力与战略的匹配及与环境良性互动、实现可持续发展。

公司的经营战略是一个复杂的大体系，按照从高到低的层次主要可以分为：公司级战略、部门级战略、职能级战略。各个层次的战略在制定的时候需要遵循低级战略服从高级战略的原则。经营战略必须从企业的长远目标出发，选择恰当的发展方向，采用正确的经营方针来实现战略目标。经营战略主要分为三个步骤：

（1）战略制定，主要指对企业未来的发展方向的规划。

（2）战略实施，是指如何通过企业对公司资金的调度、人员的控制以及组织的协调将战略具体实施。

（3）战略控制是指在战略实施过程中应该从哪些方面判断公司战略实施的持续性以及有效性，能够找到战略执行过程中的利弊点。

一、企业经营战略的制定

企业经营战略包含的内容主要有战略思想、战略目标、战略重点、战略阶段和战略对策等。

战略思想是一个企业经营活动遵循的基本思想，它的内容研究的课题包括在整个供应链环节，企业应该如何游刃有余地处理各级关系；重要的关系内容包括与顾客、供应商、经销商、竞争者与政府的关系。此外，员工的凝聚力是保持企业基业长青的基础，重视员工工作的舒适度以及员工的情感波动原因，有助于帮助企业将人力资源的利用达到极致。

一个企业存在的意义在于未来想达成什么样的目标，实现什么样的梦想。然后通过将志同道合的伙伴联系在一起去实现这个愿景。这就是企业的战略目标，它主要是一个企业在一段时间内想要完成的经营使命，首先确定了正确的战略目标才能进而选择合适的战略方案。经营使命就好像一只“看不见的手”，可以激励着员工往同一个方向努力，最终达成企业的目标。

但是要想实现梦想，其间需要付出无数的艰辛，有些基本的要素必须放在首要地位。比如说，企业的顾客在哪里？企业未来往哪里发展？企业的产品能给客户带来什么样的价值？这些问题虽然看起来简单，但却是企业最根本的一个问题，这就是企业的战略重点。战略重点主要是指企业的经营范围与发展重点需要符合企业的发展方向。很多伟大的企业都是因为深入研究这些问题而成功的。

当然，经营战略通常还要求将其战略目标分解为几个阶段性的小目标。因为战略目标一般非常宏大，短时期内通常很难实现，将其分解为几个阶段性的小目标有助于确保企业上下逐步向战略目标靠近，但又不至于因为目标太远而松懈。这就要求相应地把战略时期划分为若干个战略阶段，以便分阶段完成目标。

最后，企业经营战略也需要根据当时的内外情况制定合适的战略对策，主要用于应对企业临时面对的不同市场状况，其特点是具备阶段性、针对性和实际操作性。

拥有一个优秀的领导者是企业的核心竞争力，而制定科学合理的企业经营战略则是企业最高层必须具有的能力。这要求领导者有敏锐的对宏观大势判断的能力，以及对技术变革带来的投资机会有判断力，这样才能把握企业未来的增长点。

企业经营战略的制定围绕着上述主要内容展开，其中战略思想要求必须清楚、明晰，对企业内部容易产生的各种问题都必须给出明确的答案和态度，对企业上下所有员工都能起到正确的导向作用。

此外，在制定经营战略之前还必须对企业内部的所有经营要素和外部的各种经营环境都做一个深入细致的调查，以便在制定经营战略的时候进行充分的考虑。最后，依据战略目标、战略重点、战略阶段、战略对策等内容，选定合适的战略方案，并在后续落实的过程中不断修正完善。

二、经营战略的实施

企业的经营战略制定好以后，如何通过战略实施来实现已制定的战略呢?

首先我们需要明确经营战略的实施原则，需要做到以下四个方面:

（1）统一领导实施、协调一致。因为企业经营战略要求把一个公司拧成一股绳，为一个目标去奋斗。如果企业内部各部门、各层级之间各自为战、自行其是，那么就无法经营好公司。

（2）分解目标任务、逐步实施。企业的战略目标往往非常远大，但要最终达成这样的目标需要经历漫长的时间，而人往往又具有惰性，当短期内看不到明显的进展，人通常就会懈怠，许多人就会被眼前的具体事务耗尽精力，不再坚持初心。我们分解了目标任务，按照各个战略阶段所要求的分解目标去工作，这样就能不断达成一个个小目标，最终稳步完成战略目标。

（3）聚焦战略重点、集中攻关。在制定经营战略的时候，我们已经找准了战略重点，这就是企业最终成功的关键环节。所以在实施的过程中我们就要集中公司的优势资源，对战略重点进行有针对性的攻关，争取尽快取得突破。

（4）紧跟市场变化、灵活调整。我们在制定公司经营战略的时候难以预料到市场上可能出现的意外情况，在实施过程中如果出现了意外，我们应该灵活应对、适时进行相应的调整，不能教条化地坚持原定计划。

制定战略模式是战略实施的第一步，后面需要考虑的是战略方案的具体构造以及为了匹配战略方案所必须进行的组织结构的改变。战略方案的大框架制定后，要使战略便于分步实施，可以将其大框架进行模块化分解。模块化分解的目的是使得每一个参与者能够清晰明确自己的工作职责，使得整个工作得以高效完成。模块化分解的第一步就是将战略方案的具体内容按照工作职能详细地分解给各事业部门、内容业务部门、分公司等，再由他们逐层分解到岗位，责任明确到个人，形成一个层层目标明确、岗位职责清晰的责任体系；模块化分解的第二步就是将战略实施完成的时间跨度进行人为的分段，具体做法是将长期目标分解成中期目标、短期目标。这样的分级对于员工清楚知道自己的工作进度起到了决定性作用，能够增强员工的成就感并且找到战略实施不当时的问题所在。模块化分解的第三步在于综合协调，将上述两步的具体工作内容进行人为的协调以保证其高效运行。

组织结构与管理体制，是实现战略目标的重要保证，是把战略方案有效衔接到各个实施部门、岗位和个人的基础，能够使企业作为一个有机整体为实现战略目标而高效运行。

对企业管理层来说，选择好战略实施的模式是战略实施的关键环节，一般来讲，战略实施有以下三种模式。

（1）通过管理层直接集中公布公司战略，并引导全体员工集体实施。这样的战略布局需要领导者具有很强的个人能力，并且领导者的权威性是实施的基础条件。这样的方法避免了因为讨论带来的多种分歧，并且战略一旦开始就较易实施。但是该模式也有缺点，由于监控不了实际操作过程中的细节问题，很容易使战略在实施过程中变质。

（2）通过运用明晰的组织结构和优越的激励与控制手段来保证战略高效实施。该种模式要求企业的组织结构分工明确，并且协调性很强，面对突发情况能够快速反应，同时建立高效的绩效评价体系以及诱人的激励制度来充分提高员工的积极性。

（3）通过将高效能管理人才与公司领导层结合的方式来有效实施战略。这样的模式能够保证在战略实施过程中各个环节进行有效的配合，同时能够充分调动员工的积极性，增强其融入感。这样群策群力的行为能够将大家的能力综合起来，形成一股合力前行。

从企业实际运行情况来看，上面的几种模式并不是独立分开实现的，而是相辅相成的，只不过每一种形式的侧重点不一样，因此要进行分类讨论。不过，值得注意的是，上述模型中任何一种都不可能适用于所有企业，绝不可以生搬硬套，而是应该结合具体情况具体分析，需要考虑的因素包括一个企业的文化状态、主营业务情形、未来的竞争情况，以及行业变革的威胁性等。

三、为什么要进行战略控制

如果企业在实施经营战略的过程中出现分歧或者重大错误时，管理人员应该如何提前觉察其中的风险呢？战略控制所起的作用就在这里，在危机发生时，能够提前觉察到征兆，并且将预定的目标同反馈回来的实践结果进行比较，检测偏差程度，评价是否符合原定目标和要求，及时发现问题并采取处理措施。一个企业的经营活动绝不是一帆风顺的，很多时候其经营战略在实施当中都会出现偏差，因此，要想保持企业系统稳定地运行，战略控制是不可或缺的一环。

战略控制之所以必要，是因为在企业经营战略的实施过程中难免会出现一些问题。例如，出现战略方案的局部或整体条件不符合要求的状况，这一般是因为战略方案制定的不周全或环境发生了与原来预想不同的变化。战略控制作为一个必要的调节手段，一般有以下几个步骤：

首先，确定目标。明确各个阶段需要实现的目标，目标不达预期时要知道问题可能出在哪里；同时需要知道当阶段性目标没有实现时，具体应是哪个部门的责任，要增强各个部门人员的责任感，当阶段性目标完成后，下一阶段的目标就要重新分配给相关部门，实现小目标间的高效连接。

其次，判断一个目标是否达成，首先要做的就是确定衡量成功的标准。标准是工作成果的规范，如果没有标准，很多工作都会变得杂乱无章。

再次，信息是一个企业的生命，没有信息渠道，企业将会是两眼一抹黑，不知道在什么地方使力。因此，建立一个报告和通信控制系统是必要的，只有具备了这些基础条件，才能够获得进行分析和决策所需要的信息。

最后，纠正行为也是必备条件，当战略实施达不到预期的水平时，企业应采取纠正措施。纠正措施应根据问题的性质和产生的原因而定，有可能是对问题所在部门责令其改变实施活动及行为，也可能是调整评价标准或企业目标。但是还有一种特殊情况，当战略实施产生的偏差超过了衡量标准能够容纳的最低限度时，就只能重新制定企业的经营战略。

案例分析

雪花啤酒强势崛起的秘密

下面我们来分析一下雪花啤酒的发展历程：经过短短20余年的发展，雪花啤酒从一家新生的地方合资公司，逐步发展成为目前中国市场领先的啤酒品牌，同时也是全球销量最大的啤酒生产商。

中国改革开放之后，啤酒行业迎来了爆发式发展，短短数年间啤酒厂如雨后春笋般不断涌现，截至1988年已经超过800家，而雪花啤酒正是在这样的背景下诞生的。1993年底，沈阳雪花啤酒有限公司举行合资签字仪式，开始了轰轰烈烈的大发展。俗话说初生牛犊不怕虎，刚诞生的雪花啤酒就在1994年的中国啤酒产品评比会上击败了国内所有老牌啤酒，勇夺第一名。由于其泡沫丰富、洁白如雪，口感持久、溢香似花，于是命名为“雪花啤酒”。一炮走红之后，雪花啤酒在很长一段时间里主要用于出口，但良好的口碑和不错的经营业绩吸引了准备进军啤酒行业的央企——华润集团。经过谈判，华润集团强势控股了雪花啤酒，同时也将雪花啤酒塑造成为全国品牌。公司以其啤酒清新、淡爽的口感，进取、挑战、创新的品牌个性，全力争夺年轻群体市场。在华润集团的全力运作下，雪花啤酒迎来了连续九年销量全国第一的高速发展期，啤酒销量不断创下历史新纪录，直到目前成为全球单一品牌第一名。

看到雪花啤酒的奇迹，我们不禁要问：1994年新生的雪花啤酒无论是和1903年创立的青岛啤酒相比，还是和1958年诞生的山城啤酒、1980年创建的燕京啤酒相比，都要年轻得多，为什么它最后成了中国啤酒行业的龙头呢？

我们总结以后发现雪花啤酒崛起的方法主要有三条：

第一，其实很简单，就是在中国许多行业里面都非常管用的四个字：薄利多销。中国拥有巨大的人口基数，但过去中国人普遍没有喝啤酒的习惯，这就造就了巨大的市场潜力，要迅速开发这一巨大的潜在市场，最佳的选择无疑就是薄利多销。雪花啤酒从一开始就确立了通过低价策略大打价格战的策略，凭借着价格优势和优良品质，迅速打开了市场，销量也随之迭创新高。

第二，就是让人印象深刻的广告营销。从2005年开始，雪花啤酒联合国内外各大媒体，坚持每年组织一次“雪花勇闯天涯”活动，如2005年的“雪花勇闯天涯雅鲁藏布大峡谷探索”、2006年的“勇闯天涯探源长江之旅”、2007年的“雪花勇闯天涯远征国境线”，以及2017年的“雪花勇闯天涯大学生挑战未登峰”活动。此外，雪花啤酒为了更好地诠释啤酒的酿造实力、水准与酿造好啤酒的追求与信仰，相继开放了一批极具特色的啤酒工厂，邀请社会各界人士参观体验，参观者不仅可以亲眼看见啤酒酿造的全过程，还可以在生产线源头品尝到刚下线的新鲜啤酒。这就是2014年启动的“雪花第一酿造”活动，参观者已经先后参观了沈阳、杭州、上海、哈尔滨等多个城市的酿造工厂并品尝到了各工厂的新鲜啤酒。另外，雪花啤酒还投入重金通过各种渠道持续进行广告宣传，包括利用电视等传统媒体，在酒吧、餐馆等消费场所进行宣传，并同时开展了其他多种类型的宣传活动。

第三，成功的收购兼并策略。在啤酒这个竞争激烈的消费品种中，中国人在21世纪以来的十余年间消费习惯发生了翻天覆地的变化，从人均啤酒消费水平远低于世界平均水平，到目前已超过世界人均33升消费量的水平，造就了全球最大的啤酒市场。为了满足消费者不断增加的需求，雪花啤酒采取了新建工厂和收购兼并双管齐下的策略，全力扩大产能，先后收购或者合资了黑龙江三星啤酒、四川蓝剑啤酒、浙江钱啤集团、安徽龙津集团、澳大利亚狮王啤酒、福建清源啤酒、山西月山啤酒等。公司现已在全国布局95家啤酒厂、旗下经营30多个区域品牌，占有国内市场约26%的份额。2016年华润啤酒以16亿美元收购了南非米勒公司在雪花啤酒49%的股权，从而完成了对雪花啤酒的100%控股。在2018年下半年，雪花啤酒的母公司，在香港上市的华润啤酒（00291）宣布将以243.5亿港币引入喜力啤酒作为股东，同时将喜力啤酒在中国的业务全部收入囊中，这成为近几年啤酒行业最具影响力的并购事件。雪花啤酒借此获得了喜力啤酒在中国的独家商标使用权，下阶段雪花啤酒已经做好了发力高端啤酒市场的准备。

上面的案例分析中有三个问题需要解决：

公司在面对众多市场竞争者各自为战的情况下，采用何种经营战略方针才能够独树一帜，脱颖而出，成为竞争的领先者？公司在市场规模以前所未有的速度爆发式扩张的态势下，能否及时扩大产能，占领市场份额？面对国内外强势对手，公司如何通过参股合资等方式把对手转化为合作者，从而最大限度地减小自身面对的竞争压力？

雪花啤酒从早期群龙无首的市场混战中，依靠价格战进入了微利润、多销量的高速成长阶段，从而迅速做大规模，使得成本进一步降低，形成良性循环。同时推出形式多样、效果显著的广告宣传活动，进一步提升品牌影响力。最后，灵活运用合资、参股、收购等手段实现了强强联合，快捷有效扩大了产能，化解了恶性竞争，取得了良好的效果。纵观雪花啤酒的发展历程，也正是中国啤酒业的探索成长之路。从单一品种的区域化竞争，到现在即将进入依靠高端化、寡头化的成熟阶段，雪花啤酒不断发展壮大，这完全取决于公司制定了科学合理的经营战略，并得到了切实、高效的执行。

第二节　竞争战略

竞争战略是企业总体战略的一部分，主要聚焦于业务层次，它是公司为了在市场上保持竞争力而规划的一整套方案。公司的蓬勃发展与很多因素有关，比如公司生产成本的控制、人力资源的高效管理、财务结构的控制、研发的支出、销售渠道和市场容量的拓展等因素。一家公司只有在这些方面形成自己独有的竞争力才能完成公司的战略目标，比如通过这些竞争力的保持和发挥可以在未来兑现为公司的盈利能力、增长潜力、市场份额的大幅提升。因此，只有高效实施自己的竞争战略才能够使得公司基业长青。

在影响公司发展的众多因素中，首先应该考虑最重要的因素，实现对其精准打击。从宏观层面来说，制定竞争战略意味着要考虑四个关键因素，这四个关键因素决定了一个公司可以取得成功的高度，它们是：公司的相对优势和劣势、行业发展的机会与风险、社会期望以及关键决策者的能力。

公司的优势和劣势是公司在某一行业多年经营过后的综合体现，主要包括技术方面的领先程度，财力的充沛程度以及品牌的知名程度；行业的发展空间决定了企业发展的“天花板”，市场容量决定了企业未来的利润容量，产业的机会与威胁也决定了竞争环境的优劣；而社会期望是政府政策、社会关注等对公司产生作用的因素的反应；关键决策者的能力高低是非常重要的一个方面，因为其未来的战略目光将会引导企业未来在所处行业的位置，一个好的领导者将会带领自己的企业一路克服重重险阻站在市场龙头的位置。一个企业在制定现实且可执行的目标与方针之前，首先必须考虑上述四种因素。

一、竞争战略概述

企业的竞争战略应该根据企业所处的行业环境因地制宜地灵活制定，在现在这个科技高速发展的时代，各种因素引发的不确定性给企业造成了前所未有的困难。同时，科技的快速发展和广泛应用使得消费者能够迅速获得最新的讯息，造成消费者对品牌的忠诚度显著下降，使得市面上大多数产品的生命周期大幅缩短，更新换代的速度变得前所未有的迅速。这些市场环境的变化都给企业的竞争战略带来了极大的挑战，许多前几年还处于市场领先地位的公司，由于对市场变化反应慢了一步，短短几年时间就衰落到了破产的境地，这样的例子比比皆是。

公司不是一个孤立的岛屿，公司的发展取决于很多因素，公司的生产经营环境也会对企业的竞争能力和盈利能力产生重要影响，虽然经营环境涉足层面非常广，但是最重要的因素还是产业政策给公司带来的影响，因为产业结构显著影响竞争规则的建立以及潜在的可供公司选择的竞争战略。产业外部力量一般是企业不能自主控制的，因为外部力量影响的是同一行业内部的所有企业，所以公司能做的就是提高对这些外部影响的快速适应能力以及应变能力，公司的竞争力也与这种应变能力密切相关。

基础经济结构决定了一个产业内部竞争的激烈程度，并且不是现有竞争者的行为范围就能够引发改变的，也就是说，产业竞争不会以当事人的行为意志而发生改变。有“竞争战略之父”称号的迈克尔·波特提出了著名的波特五力模型，这个模型明确指出，一个产业内部的竞争状态取决于五种基本因素的相互竞争作用力，即供货方议价能力、买方议价能力、替代品的威胁、新进的竞争者、原有的竞争者。这些作用力的综合作用决定了该行业的利润厚度。利润厚度就是我们通常所说的投资回报率，投资回报率越高的行业越容易成为资本竞相追逐的对象，随着资本的不断涌入，生产厂家的不断增加，投资回报率也会随之发生动态变化。在那些生产厂家众多的行业，如传统的周期性行业——造纸、钢铁等行业中，没有一个公司能够赚取超额收益，而在那些竞争强度相对缓和的产业，如化妆品、卫生用品及服务设施，获取高收益的公司是不足为奇的。

波特五力模型中的五种组成因素相互影响，共同决定产业竞争的激烈程度以及产业的利润率水平。这五种因素起到的作用并不平均，而是其中的一种或者几种占据着绝对统治地位，并且在战略执行的过程中起着关键性作用。

短期因素通常是指对公司利润具有突发影响的因素，常见的短期影响因素有原材料物资短缺引起的供需结构短暂性失衡，工人罢工导致的暂时性供给短缺、需求猛涨等。这些因素固然能够产生短期波动性影响，但产业结构分析的焦点在于辨识根植于产业经济与技术中的、基本的、深层次的产业性因素。

竞争战略就是针对这种由产业经济和技术形成的竞技场而确定的。

企业在适应产业结构方面各有其独特的强项和弱项，产业结构也的确随着时间逐渐变化，然而必须明白产业结构永远是战略分析的起点。五种竞争作用力在一个产业表现强还是弱，都最终取决于这个产业的各种经济技术特征。

二、建立竞争优势

市场上的竞争大致可以分为四个层次。最低层次的是同类产品之间的竞争，大量企业在一个细分市场上生产相同用途的产品，它们之间就构成了产品及其品牌的直接竞争，比如生产手机的厂商之间即属于这一类。第二层次是品类的竞争，也就是提供类似用途的产品或服务的竞争，比如生产传统燃油汽车的企业和生产电动汽车的商家之间的竞争。第三层次是不同商业模式之间的竞争，比如网络购物和传统商场之间的竞争，或者外卖食品和餐馆之间的竞争。第四层次是预算的竞争，这一层次包括能够争夺消费者预算的不同行业之间的竞争，比如电影院和川剧院之间的竞争。

要在四个层次的竞争当中取得最后的成功，企业必须建立起自己的竞争优势。企业的竞争优势从何而来？通常来说，我们可以通过分析一个企业的价值链来确定其竞争优势。价值链代表一个企业通过生产、经营、研发、管理、销售等全过程创造的全部价值之和，它可以分为基本增值活动和辅助性增值活动。基本增值活动是指设计、生产、物流、销售这些直接和产品相关的经营环节。辅助性增值活动是指非生产性的经营环节，包括决策、员工管理培训、技术研发等。

价值链理论认为，一个企业并不是在每个经营环节都能产生价值，能够创造价值的环节叫作战略环节，要想取得竞争优势，就必须在战略环节取得其他企业所没有的优势。这些优势可以是专利技术、专有设计或者独特的营销渠道。比如：在房地产业，战略环节就是地段；在餐饮行业，战略环节就是食品的口感和卫生；在奢侈品行业，战略环节则是品牌影响力。当然，企业之间的竞争是整个价值链的竞争，所以整个价值链的综合竞争力最终决定了一个企业的竞争力。要想提高企业的竞争力，就必须制定出一套恰当的组织结构，理顺企业内部的关系，提升整体价值链的竞争力。

一个行业也代表着一条产业链，这条产业链上的公司相辅相成，最终形成固定产品输出给终端。决定竞争强度的结构因素多种多样，通常情况下我们把产品差异性、生产成本的控制、市场的天花板等因素作为考量的重要指标。

行业内众多公司竞争的结果将会导致投资资本收益率被压低到竞争平衡保底收益水平，也可以说是在“完全竞争”的条件下所能获取的平均收益水平。这种市场平均水平通常可以通过长期政府债券利率加上对投资风险的补偿进行估算，在这样的低回报率背景下，有些资本会选择退出这个行业，有些则会被激烈的市场竞争淘汰掉。

当某一个行业能够获得高于完全竞争市场的平均收益率时，将会刺激资本的流入，这种资本流入的表现形式可以通过行业外竞争者的加入或者通过原有公司追加投资来体现。如果一个行业竞争过于激烈，那么其投资收益平均水平将保持在平均水平，并且将会限制新流入的投资资本。

三、基本竞争战略

企业在生存发展过程中，通常会采取一定的策略来应对这些竞争作用力，从而为企业赢得超额收益。每家企业在应对这五种竞争作用力时都采用了不同的策略和步骤，因为每家企业的情况不同，所以运用的方法也就不同，但是在产业中要建立其自身的护城河优势来应对竞争却是其本质。但在广泛的意义上，可以归纳出三种具有内部一致性的基本竞争战略，即可单独使用也可以组合使用，为公司的长期发展建立起进退有据的有利地位，从而在产业竞争中胜过对手。

在与五种竞争作用力的博弈中，有以下三种基本战略方法是经过市场检验可以成功的，可以使公司成为同行中的佼佼者：

（1）成本控制战略。

（2）奇招战略。

（3）目标集聚战略。

三大战略同样是可以相互依存的，但是其中最大的一个缺点就在于，公司实施其中一个战略就会花费大量的人力、物力和财力。如果大费心思地采取多个战略聚焦的方式，将会严重瓜分公司有限的资源，最终可能会导致战略实施失败的严重后果。

如果公司的基本目标不止一个，同时实施两种以上的战略，则这些力量将被分散。如果能成功实施这些基本战略就可以使公司在产业竞争中胜过对手。在某些产业中，不充分的竞争结构意味着所有参与竞争的公司都可能取得高收益；而在那些竞争激烈的产业中，一种基本战略的成功在大多数情况下仅能使公司获取勉强可接受的收益。

（1）成本控制战略。

成本控制战略是指企业通过实施一系列针对成本的具体控制政策来使得企业总成本在产业竞争中取得领先的地位。成本控制战略能够有效实施的第一步在于建立起达到有效规模的生产线，同时通过对生产工艺以及装备的改进来达到产量的最大化以及产品的最优化。在成本控制战略中，最关键的就在于在借鉴成功经验的基础上全力以赴降低成本，严格控制成本与管理费用，以及在不影响工作效率的情况下尽可能地减少研究开发、服务、推销、广告等方面的成本费用。为了达到这些目标，管理也成了成本是否能够达到有效控制的关键一环，通过高效的管理可以实现企业的成本低于竞争对手。

当成本控制战略实施得当时，公司可以使自身的成本低于行业平均水平并因此获得高于产业平均水平的收益。低成本带来的优势可以使公司在竞争中免受打击，因为它的低成本意味着当竞争对手因打价格战而没有利润时，这个公司仍然可以获取利润。低成本的优势还可以使公司在上游产品因为各种原因价格上涨的时候能够保护自己，因为上游公司提高价格一般只能将价格抬到下游厂商普遍能够接受的水平，低成本公司将仍然可以正常经营下去。

低成本带给公司的好处数不胜数，因为低廉的生产成本可以为企业带来价格的灵活性，当企业面临强大的供过于求的窘境时，竞争必然会造成价格下降，而生产成本低的企业在这一局面下能够将生产成本高的企业淘汰掉，从而扩大自己的市场份额。低成本生产的企业通常与规模经济脱不开关系，因为这也是成本控制战略成功实施后建立起来的优势壁垒。

从以上分析可以看到，低成本优势可以使公司免受全部五种竞争作用力的威胁。原因是价格下降使利润蒙受损失的过程一般会持续到成本较高的竞争对手也陷入亏损时为止，而且在竞争压力下成本较高、效率较低的竞争对手会先遇上麻烦。

成本控制战略得以实施通常要求企业占有较高的市场份额以及拥有较高的生产量，一个企业如果连规模经济都没有实现，那么也就没有了所谓的成本控制战略。通常来说，现在越来越多的成本控制战略也要求产品的设计要便于制造生产、维修养护，并保持一个较宽的相关产品系列以分散成本，以及对主要客户群尽量进行批量服务以形成规模效应。

因此，实行低成本战略就可能面临很高的购买先进设备的前期投入和以攫取市场份额为目标的激进的定价以及承受由此带来的初始亏损。得到了高市场份额后便会出现采购的规模化，使成本进一步降低。当企业赢得成本领先地位之后，较高的利润率又可对新设备、新技术设施进行再投资以加强成本上的领先地位。这种再投资往往是保持低成本地位的必要条件。

成本控制战略似乎就是中集集团公司在全球集装箱行业获得成功的基石，这家公司在世界范围内占据了约50%的市场份额。其他在众多产业中因成功地应用了成本控制战略而著称的公司有小米科技、青岛海尔以及格力电器等。成本控制战略有时可以引发一个产业的革命，在这样的产业革命中，竞争偏离了历史轨迹，竞争对手仍然停留在原来的成本和利润格局之中，无法采取必要步骤减少成本。

案例分析

振华重工依靠成本控制战略强势崛起

1992年的上海振华重工公司，就是一个敢于在港口机械产业中发起一场革命的公司。振华重工公司原名上海振华港机公司，是59岁的管彤贤在交通部的支持下以100万美元注册成立的，从上海浦东开始进入国际市场。公司创建后一方面依靠廉价的劳动力优势以低价优势大力拓展全球市场，另一方面重点加强对技术的模仿与创新。公司创建了“盯住市场”的创新模式，加强与德国西门子、瑞典ABB和美国通用电气等国际巨头进行技术合作，在短短几年内实现了从全盘引进到消化吸收，再到二次开发，实现了通过技术创新拥有自主知识产权的飞跃。

公司从未因自己产品的“低价”而放松对产品质量以及工艺流程的钻研与提升，在领先全球的技术与工艺上进行大胆创新，例如：2001年将GPS技术应用于场桥产品，在国内外市场获得了一阵好评；2004年发明出一次可吊起两个集装箱的岸边起重机，成为集装箱装卸系统的一次革命，这种高附加值的产品行销全球，成为各国新建码头的首选；2007年创造出新型全自动化码头示范区，使生产效率提高50%以上，大幅降低了码头的营运费用。公司的市场份额也不断增长，仅仅用了20多年，振华重工后来居上，连续20年在全球集装箱起重机订单排名第一，传统产品的全球市场占有率长期占据70%以上的世界市场份额，远远领先于其他竞争对手，打败了英国莫里斯、德国克虏伯、日本三井等国际上一大批传统强手，成了全球港机当之无愧的龙头老大。

（2）奇招战略。

奇招战略体现着公司的决策有一种出其不意的意味在里面，通过不一样的布局，形成企业独一无二的东西。奇招战略应用的范围非常广泛，包括但不限于设计奇特的品牌形象、技术领先、独一无二的客户服务、无法复制的经销网络等。

奇招战略并不局限于只应用在某一方面，最好是在多个方面形成无法复制的竞争优势。例如，某些制造行业的公司经销网络深且广，并且零配件种类、型号全部齐全，而且其产品质量极其优良，这些优势对一家制造行业公司来说是很重要的竞争力，若某家企业在这一方面拥有超强的实力，会使企业的发展获益良多。

应当强调，奇招战略并不是想着就立刻实践，而是应该经过周密的市场调研和详细的成本核算后才能实施，一旦奇招战略成功实施，就很可能为公司带来超额收益。奇招战略之所以有用，关键在于能够建立起规避五种竞争作用力的壁垒。奇招战略的原理是利用客户对品牌的忠诚度以及由此产生的对较高价格的接受使公司得以避免直接的价格竞争，这既增加了利润又不必刻意追求低成本。奇招战略可以增加客户的黏度，使得竞争对手想要战胜这种“独特性”需要付出极大的代价，从侧面来看也构成了竞争壁垒。奇招战略可以带来较高的收益，并且可以用来化解攻击方的压力，因为在奇招战略的背景下，顾客对价格的敏感度也不会那么高。并且在市场上出现相关产品的替代品时，因为奇招战略而赢得顾客青睐的公司，其所受到的影响也会比其他竞争对手更小。追求产品的标新立异有时会与争取占领更大市场份额相矛盾。它意味着奇招战略的副作用就是具有排他性，即这一战略并不利于公司产品占领更大的市场份额。较为普遍的情况是，追求标新立异的产品总是成本高昂，且需要独特的研究、商品设计、高质量的材料或周密的顾客服务等，所以实现产品标新立异将意味着以较高的成本为代价。

然而，即便所有的消费者都了解公司产品的独特优点，也并不是都愿意或有能力支付公司所要求的较高价格。在某些产业中，奇招战略与相对较低的成本和与其他竞争对手相当的价格之间可以不发生矛盾。

案例分析

小米手机的崛起

小米公司成立于2010年，在那个时候中国手机市场上强者如云，初生的小米毫不起眼，但仅仅经过了两年时间，小米手机就进入了国内智能手机市场前三名，在2014年和2015年小米更是勇夺国内智能手机销量冠军！在此后智能手机竞争白热化的市场状况下，小米公司经受住了严峻的市场考验，继续在全球市场攻城略地，公司成立的第7年营业收入就超过了1000亿元，跻身全球手机销量前五名。小米手机的崛起，非常完美地诠释了奇招战略的成功。

2011年小米公司发布了第一款手机，从一开始，小米公司就把奇招战略发挥得淋漓尽致。在当时国内外手机厂商全部采用传统的销售方式，即自建专卖店和电器商场销售相结合的销售渠道，定价策略也是中规中矩。而当时的手机市场也全部是国外大厂的天下，国产品牌很难打开市场。但是，小米公司敏锐地抓住了智能手机更新换代产生的机会，成功推行了几个奇招，最终实现了弯道超车，后来居上。

第一招，小米公司从成立伊始就开始打造具有自己核心竞争力的战略级项目——MIUI系统。小米公司在没有推出硬件产品的情况下，先开发手机操作系统，这是非常具有魄力的一个决策。在当时安卓系统还很粗糙的情况下，小米公司花费大量资源对MIUI系统进行深度优化，并根据中国用户的特点量身定制，后续也不断投入力量进行不间断的优化升级，并在网络论坛上公开发布自己的操作系统，向广大网友征求修改意见，这让网友能够根据自己的喜好来参与到小米系统设计中。这些举措使得小米的MIUI系统获得了网友的一致好评，并积累了超高的人气，为此后小米手机的推出打下了良好的基础！

第二招，小米公司独特的网络销售+饥饿营销。在那个年代，网络销售对国内外的绝大多数消费者来说都非常陌生，同时也是一种非常时髦、高端的销售方式。正是利用了网络普及之后的巨大影响力和极快的传播速度，以及消费者对网络销售的新鲜感，小米公司顺势推出了全部网络销售的策略，一炮打响！同时，在最初几年小米手机又采用了饥饿营销的策略，那就是有意压低手机的生产量，公开宣称限量销售，使得市场上小米手机难以买到，或者需要等待很久才能拿到手机，这就营造出一种供不应求的市场局面，进一步刺激了消费者的购买意愿。这样做的好处是显而易见的，网上销售降低了实体店的成本，极大地降低了营销、仓储等费用，使得手机价格能够更低，同时让消费者避免买到假冒伪劣产品。

第三招，小米手机高配低价，具有超高的性价比和成功的自身定位。小米手机的饥饿营销是学习苹果手机的，但是苹果手机的定价太高，性价比不高，而小米手机把性价比的优势发挥到了极致。小米手机尽一切手段降低成本，然后让利给消费者，自始至终都采用低价策略，并公开声称硬件利润率不超过5%。中国消费者大多数仍然是很看重性价比的，小米手机的这一市场策略就受到了市场上很多消费者的青睐。小米手机初期总是采用未来一段时间才能供应市场的新技术，但是拖延交货时间可以使得小米公司把价格定得很低，这就吸引了很多“发烧友”以及更换新机的消费者。后期小米公司又扩大了产品线，推出了不同档次的多种型号，但是价格无一例外都很低，这一策略让其他的竞争对手难于模仿。

在这三个奇招的同时作用下，短短几年时间，小米手机从一诞生就开始了爆发式增长，从当年的几十个国产品牌中脱颖而出，超过了一大批老前辈，一举发展成为全球领先的独角兽级别手机厂商。可以说，小米手机的这三个奇招起到了化腐朽为神奇的作用，为我们生动地展示了奇招战略的威力。当然，奇招战略的效果会随着时间逐渐下降，我们看到小米手机在最初的爆发式发展之后，随后出现了不同程度的增长速度的减缓，这是由于竞争对手逐渐学会了开发小米手机的定制系统、小米公司的营销方式和制造高性价比的产品，奇招战略的边际效应已经不能再为小米手机带来竞争力了。但无论如何，奇招战略在小米手机的发展历程中发挥了巨大的推动作用！

（3）目标集聚战略。

目标集聚战略通常是指划分固定的客户群或者某个主要的细分市场，充分挖掘这个市场的需要，全力以赴地切入这个市场，其关键就是在“细分”上面做文章。目标集聚战略和上面两种战略具有共通点，即都可以具有很多种形式，而差异点在于目标集聚战略是围绕着更好地为某些特定目标服务这一中心而建立的，它制定的每一项职能性方针都不能偏离这一中心。

这一战略的前提是：公司能够调集优势资源更高效地为相对狭窄的战略对象服务，从而在这一狭窄的领域内超过那些广泛撒网的竞争对手。最后达到的效果就是，公司要么因为较好地满足了部分消费者的个性化需要而实现了标新立异，要么在为特殊的消费者服务时实现了低成本，要么二者兼有。从最后的结果来看，目标集聚战略通过放弃整体市场上的低成本或标新立异等优势，在其狭窄的市场中取得了一种或两种优势地位。

成功应用目标集聚战略的公司也将赢得超过产业平均水平的利润率。要想成功运用目标集聚战略，通常要求公司要具有低成本优势，或者具有高度标新立异的优势，又或是兼有二者。

比如，甲公司主营光纤预制棒这一特殊类别的商品，在这个市场中，公司可以为不同客户的特殊需要设计独特的产品，并节省转换成本。虽然有许多客户认为这些服务对他们来说意义不大，但也确实有一些客户对这样的服务感到满意。

乙公司的主营业务是生产销售新材料工艺蜡烛，并且主要出口发达国家，这就避开了传统蜡烛市场低质低价的恶性循环，从而为企业赢得远超过传统蜡烛市场的利润率。

丙公司主攻的是商业票据印刷市场，而规避那些由普通图书、报纸等印刷品构成的市场。其战略是围绕着为商业票据印刷服务而规划的，该公司在票据印刷上下游议价能力强，具有较高成本优势、良好的资质及口碑助力公司构建竞争壁垒。同时，该公司充分发挥在技术、渠道、人才等方面的优势，在税务、财政、金融等主要领域开发新型电子票证业务，其电子发票服务已覆盖全国，前瞻性战略为公司夺得多个“业内第一”。

目标集聚战略常常意味着公司在整个大行业内全面市场的参与度较小。目标集聚战略必然存在着利润率与销售量之间无法兼得的矛盾。同时和产品标新立异战略一样，目标集聚战略的实施或许会以总成本优势作为代价。

案例分析

李宁公司VS安踏公司

李宁和安踏是中国运动服饰行业两大龙头企业，排名长期居于国内品牌前两位。纵观他们的发展历史，会发现其中的过程跌宕起伏，下面我们就来详细分析这两家公司的发展史。

20世纪90年代初期，李宁公司率先在国内运动服饰行业异军突起，成了中国第一家运动品牌企业，是中国在这一领域中当之无愧的“老大哥”。在李宁公司成立以来的20多年里，其在企业经营与管理领域不断创新与发展，创造了中国企业经营与品牌管理方面的多个第一，这些都为日后新一批中国运动品牌的发展提供了宝贵的经验。但后来面对日益增长的消费市场，李宁公司却没有抓住市场增长的大好时机，没有把握好年轻人对体育品牌的需求，最关键的是，它低估了新崛起的竞争者对市场的强大营销攻势。正是李宁公司竞争战略的失误，导致了安踏公司等竞争对手的崛起。

李宁公司的发展历程

李宁公司的创始人是我国著名体操运动员李宁，他在运动生涯中共斩获金牌106枚，因此被称为“体操王子”，并成为国际体育记者协会评选的全球二十五名“20世纪最佳运动员”中唯一的中国人。尤其是在洛杉矶奥运会上，李宁独得3金2银1铜，占中国金牌总数的20%，从此奠定了前所未有的国民运动员形象，让李宁作为运动员的声望达到了顶峰。

创建李宁公司，这本身就开创了一个先河——作为运动员的李宁退役后以自己名字命名的品牌从事相关事业。从当时的情况来说，李宁是新中国体育史上第一个流量明星，这样一个能在全国范围内掀起热烈关注和讨论的创始人，就像一个移动的广告平台，使得李宁品牌从诞生起就带有巨大的流量。

李宁退役后首先加入了当时的明星企业健力宝，并为其拍摄了一部广告，凭借李宁的巨大声望以及成功的广告策划方案，这一行动帮助健力宝大幅增加了销售额，取得了巨大的成功。这一成功使得李宁的形象在中国运动行业打开了一片新天地，也让李宁看到了自己在商业上的巨大潜力。李宁在此期间发掘出了他在商业上的天赋：超前的洞察力、群众中的巨大号召力、商业谈判能力等。此时，李宁知道他可以开创更大的舞台了，于是在1991年由健力宝投资1600万元，广东李宁体育用品公司正式成立，李宁品牌诞生了。

李宁公司发展初期，李宁就敏锐地意识到了公司产权不清可能带来巨大隐患，经过认真考虑之后李宁在1994年选择了脱离健力宝，李宁公司成为自己掌握大部分股权的民营企业。这让李宁公司避免了被卷入健力宝因产权不清所经历的种种噩运，后来的健力宝在地方政府和外资公司一次次的扯皮中彻底衰败下去了。1996年初，李宁将公司总部从广东迁到北京，同时更名为李宁运动服装公司，彻底断绝了和健力宝的关系。

李宁公司在创立之初就和中国奥委会紧密合作，在不遗余力地赞助各类大型体育赛事的同时，通过体育用品事业推动中国竞技体育的发展。李宁公司通过赞助的形式不断扩大自己的知名度，也以此方式不断开拓国内外市场，进军国际市场。1990年，李宁品牌的运动服被指定为11届亚运会圣火传递指定服装和中国国家代表队参加亚运会领奖服，以及采访亚运会的中外记者的指定服装，李宁品牌伴随亚运圣火传遍全国。亚运会让李宁公司一战成名，初步打开了市场。紧接着，李宁为了进一步做大做强，开始了当时市场上前所未有的营销方式的创新，1993年成了在中国内地第一家实施特许经营体系的公司。李宁的目标是要进一步做大自己的品牌专营产品规模，而特许经营不仅可以保证品牌形象在市场上的高度统一性，还能够借助加盟经销商的力量迅速形成全国性的销售网络，最大限度地扩大公司产品的销量。为了吸引消费者，每一家专卖店开张，李宁都要专程前往剪彩，并亲自为消费者签名。早期加盟李宁专卖店的经销商都赚到了很多钱，这一财富效应又带来了李宁品牌更强劲的发展动力，销售网络爆发式地扩张到了全国各地。李宁公司迅速扩大市场，成了中国体育用品业界的教父，特许经营这一招是成功的关键。随着中国体育用品市场被迅速激活，新的市场竞争者也不断加入进来，其中最成功的当属安踏公司。

安踏公司参与市场竞争

安踏公司的创始人丁和木出生于著名侨乡福建晋江的一个农民之

家，凭借党的优惠政策、侨乡的优势以及浓厚经商意识，从20世纪80年代开始丁和木与人合办制鞋厂。1991年丁和木自立门户创立了安踏鞋厂，但当时仅有一个家庭作坊的规模。刚刚起步的安踏同当地一大批鞋厂一样，无法在国内市场立足，不得不由内转外，开始为跨国鞋业巨头代工生产运动鞋。海外订单让安踏完成了原始资本积累，但在这一阶段安踏公司在福建晋江的大量制鞋企业中毫不起眼。与其他企业不同，安踏公司不单单承接外国公司的订单生产，还时刻关注着国内市场的变化，不断尝试开拓国内销售渠道。安踏公司的管理层认为，终端网络是一个企业的生存之本，有稳定的海外订单固然可以解决眼下的企业发展，但长远来看，国内市场将会是一个十分庞大的市场，要在这个大市场之中占有一席之地，必须拥有自己的销售网络。

2001年，北京安踏东方体育用品公司成立，同时开始实施产品多元化与品牌国际化的新发展战略，公司产品线扩大到运动服装、配件等领域，公司从单一运动鞋生产商向综合性体育用品生产商转型。为了配合这一战略，安踏体育用品专卖店开张，特许经营专卖体系开始全面启动。到2001年，根据中国行业权威组织的统计，安踏运动鞋的综合占有率已升至国内市场第一位。紧接着，安踏公司又全面实施海外推广战略，不仅通过收购当地品牌而打入意大利、日本、韩国等市场，还相继在中国香港、新加坡、希腊等国家和地区开设专卖店，并在捷克、乌克兰等国寻找合作伙伴，全面拓展欧洲市场。

2007年，安踏体育（02020）在香港交易所首发上市，公开向海内外投资者发行6亿股新股，仅公开发售部分就获得了183倍的超额认购，加上超额配股部分，总共募集资金超过35亿港元，一举创下了中国体育用品行业公司上市发行市盈率及融资金额的最高纪录。随着安踏品牌市场占有率的不断扩大，公司2017年年报显示，安踏体育的营业收入已经达到李宁公司的2倍，净利润更是达到李宁公司的6倍。安踏体育终于实现了自己的夙愿，成了中国体育品牌新的龙头老大。

安踏公司的成功因素分析

安踏公司能够后来居上，成为引领体育用品行业的中国第一品牌，要归功于公司科学合理的内部管理、卓有成效的技术创新、大手笔的品牌推广活动以及遍及全国的营销网络。1997年安踏公司建立起了自己的VI系统，规范了商标的使用，开始实施成熟的品牌战略，在全国主要城市的黄金地段开设安踏旗舰店，销售安踏品牌产品。安踏公司还请来世界著名的企业战略顾问公司为自己服务，为公司确立了科学合理的市场定位、核心价值、发展目标。

安踏公司极其重视品牌推广宣传活动，广泛赞助各类赛事，积累产品口碑。1999年丁志忠接任其父的总经理职务，上任伊始就做出一个重要决定：与中国国家乒乓球队签订合作协议，聘请有“乒乓王子”之称的孔令辉出任安踏品牌形象代言人。同时，安踏尤其看重中央电视台体育频道，“CCTV-5+孔令辉”成了安踏成名的关键一战，安踏顺势推出了品牌口号：“我选择，我喜欢。”凭借这一行动，安踏公司迅速赢得了较高的市场认知度，品牌鞋类销售额大幅增长，彻底在国内市场打开了局面。

进入21世纪后，安踏公司又斥巨资连续三年赞助中国篮球职业联赛（CBA），成为联赛运动装备唯一指定的合作伙伴，这让当时的中国体育界震惊：第一次有民族品牌打破了国际顶级品牌垄断国内顶级赛事的格局，安踏吹响了国产品牌争夺国内体育用品市场的号角。此后安踏持续与CBA续约7年，同时冠名赞助中央电视台“安踏CCTV体坛风云人物”评选活动。2006年，安踏公司与智威汤逊合作，进行了品牌梳理，推出全新的品牌口号：永不止步（keep moving）。此后安踏公司继续与中国奥委会进行战略合作，向其提供体育服装，并与NBA官方合作，成为获得NBA授权联名品牌的第一家中国体育用品品牌。

安踏公司极度重视研究开发和技术革新的工作。以2005年赞助CBA为契机，安踏公司斥资建立了中国首家运动科学实验室，聘请了大量研发人员，依据运动员的身体数据进行运动科技和功能设计的开发，并从事球类、跑鞋等专业运动设备的研发，同时建设相应的专业数据库，打造适合中国人的功能性运动产品，公司由此累积了大量的关键专利技术。在近年举行的第30届奥林匹克日长跑活动中，安踏正式发布了智能跑鞋，主打全方位跑姿监控，可科学测试足部翻转、着地方式、受力大小、腾空高度、步幅、着地时间、步频等数据。2017年，安踏推出个性化产品定制服务体系“ANTAUNI”，为消费者定制生产的个性化产品可以直达消费者手中，此项服务处于行业领先地位。

认识到过去批发模式和粗放式管理导致的销售效率低下等问题，安踏的高层从2012年开始开启了全方位的零售转型战略。主要内容是对公司旗下全国的门店实施统一的扁平化管理，取消了过去过多的层级；实施以销定产、灵活供应链配合经销商补单，严格控制库存量。安踏在零售管理方面大刀阔斧的改革，效果非常明显，避免了前几年全行业的库存危机，使得销售额连年保持快速增长，直到目前形成了以消费者体验、零售为导向的公司运营宗旨，展现了作为体育用品品牌龙头的高效率零售战略。

纵观安踏公司的发展历程，在短短20多年的时间里，从一个家庭式作坊成长为中国体育用品第一品牌，其间公司战略的成功制定和实施功不可没。在经营策略上，安踏公司没有多少标新立异，在营销宣传方式等很多方面它还是沿袭了其他领先公司几十年前发展出来的体育用品市场公认的成功市场策略。这些策略主要是：集中力量试验和开发更好的跑鞋；为吸引市场上各种具有不同偏好的消费者而扩大产品线；设计出印在所有产品上的、可被迅速辨认出来的明显商标；利用著名运动员和重大体育比赛展示产品的使用效果。安踏公司在运用这些已经被证明行之有效的经营技巧之时，显得得心应手，比它的任何对手，包括李宁公司运用得更有成效。

李宁公司的失误

李宁公司失误的导火索就在于李宁的年龄，一直以来购买李宁品牌产品的消费者和李宁一样年龄慢慢变大，尽管李宁的鞋子等产品做的确实很好，但在新一代“90后”甚至“00后”年轻人看来，李宁还是代表了过去。2008年北京奥运会，李宁穿着李宁牌的全套服装点燃圣火的瞬间，李宁品牌的影响力达到了一个空前绝后的高峰，在媒体的蜂拥报道下，李宁公司的市场占有率在2010年达到了顶峰。但由于李宁公司对于市场变化没有做到深入观察并做出相应的改变，以为靠单一事件宣传带来的辉煌可以一直延续下去。所以高潮过后，李宁公司的销售业绩便出现了直线跳水。奥运之后，国人对于体育用品的消费意愿和消费能力都不断提高，坚持体育锻炼的人也越来越多，但新兴的消费人群对体育品牌的时尚和专业性也提出了更高的要求，在此情况下李宁品牌被年轻人抛弃了。李宁公司被奥运后的短暂繁荣冲昏了头脑，在国内外大举开店，梦想着征服全世界。然而结果却令人大跌眼镜，低迷的销售造成了巨大的库存，2012年李宁公司陷入了连续三年亏损的泥沼之中。2015年李宁重新出山担任CEO，最近三年李宁公司业绩开始持续好转，但在各方面都已经被安踏公司超过，中国第一品牌的位置已经拱手相让。

以上这个案例可以总结的经验很多，主要告诉了我们正反两方面的经验：一是安踏公司的成功经验，二是李宁公司的失败教训。安踏公司之所以获得成功，不是因为它对销售工作进行了革新研究，或者因为它发现了其他任何人都没看到的销售机会，抑或是比它的竞争对手在推销和广告宣传方面投入了更多的资金。安踏公司成功的关键因素是对成功的市场战略卓有成效的仿效。

当然，仿效必须审慎而行。被仿效的市场战略应当是被实践证明行之有效的、在历史上曾经取得了巨大成功的战略。单就跑鞋市场来说，长期以来推出整个行业标志性的产品，然后不断推动产品更新换代，这已经成为这个行业的惯例。所有跑鞋制造商都遵循这一战略，只是安踏公司执行得更好一些罢了。

一个公司可以并且应当仿效成功者，但仿效并不意味着完全模仿别人的产品，真正有成效的仿效是要在市场上发展出自己独特的个性。以往成功者所依据的决策、标准和行为才是真正应该学习并且发扬光大的。然后，就是要重点彰显自己与众不同的个性特征和独特品位，在公司的组织机构和管理部门方面也可以借鉴成功者的相关经验以免自己走弯路。龟兔赛跑的故事我们都耳熟能详了，在这个案例里我们看到的结果就和故事里的情形一样。短时间的遥遥领先，风光无限，使领先者志得意满，目空一切，逐渐放松了警惕。2008年北京奥运会期间，国内体育用品行业的领先者——李宁公司，销售额急剧提高，不断创出历史纪录，油然而生的骄傲自满情绪充斥在李宁公司内部。但往往辉煌过后就是衰败，李宁公司短时间的辉煌下，暗藏着危机。被李宁个人声望掩盖的各种问题在公司内部慢慢积累，而竞争对手正在坚决地执行其卓有成效的市场战略，虽然暂时被李宁公司盖过了风头，但成功的种子已经逐渐开花。最终，李宁公司的辉煌不可避免地过去了，优势转移到新崛起的安踏公司手中。李宁公司虽然很快醒悟过来并急起直追，但此消彼长的态势已经形成，李宁公司想要重新占据领先地位已经很难了。一个公司的成功崛起很可能是原来领先公司的错误造成的，李宁公司沉浸在过去的辉煌之中，而没有跟上时代发展的步伐，因此逐步被竞争对手超越而丢掉了国内体育用品行业第一的位置。

第三节　管理决策

企业在制定了经营战略和竞争战略之后，下一步就是要在企业内部贯彻实施，因此需要对企业整体协调一致，必要时还需要做出重组调整，这一过程就是管理决策。管理决策包含的内容很多，主要有经营计划的制定、管理方式的选择、生产资料的采购、人员的配置等。

一、决策的概述

决策是解决问题的一个动态过程，通过方案的制定、选择和实施来达到解决问题的目的。西方管理决策学派的创始人之一赫伯特·西蒙认为管理就是决策，不像一般人认为的决策只是企业高层管理者的专利，西蒙认为公司内部的各个层级都需要做出决策。而且随着科技的发展进步和信息化时代的到来，公司所有员工的能力素质都趋于提高，企业的决策权也应该逐步下放，让基层员工也能够对其本职工作相关的事物拥有决策权。

成功有效的决策应该首先对环境和条件进行科学的分析，然后再为未来的行动确定正确可行的目标，对实现目标的若干可行方案进行筛选并决定一个优化合理的满意的方案，最终就可以决定实施了。决策过程通常具有以下几个特点：

（1）没有决策就没有行动。管理的本质实际上就是决策的过程，一项决策的起源在于明确该项决策需要解决什么样的问题，以及后续能够获得什么。

（2）决策应该有明确的目标。决策所要解决的问题必须是明确的，并且一项决策的施行一定是要达到某些目的的。决策的有效性必须依靠标准来进行衡量，否则，有效性将难以评判。

（3）决策必须要有方案进行依托。狭义的决策其实就是指在几个备选方案中间进行选择。方案的制定是决策的基础，方案的好坏通常需要通过几个方面来进行辨别：首先，一个好的方案是否能够实现预期的目标；其次，在方案制定过程中需要兼顾多重影响的因素，并且将这些影响因素进行定性和定量分析来分清其中的主次因素；最后，需要考虑到无法控制的因素出现的可能性，以及后续的处理方案。总的来说，决策的前提是制定出若干个可行方案。

（4）决策要因果分析和综合评价。每个实现决策目的的可行方案都会对目标的实现发挥某种积极作用，当然，也会带来某种消极影响。因此，必须对每个可行方案进行科学的分析与评价，确定出每个方案的实际效果（包括经济、社会和组织管理等各方面的效果）和可能带来的潜在问题，以便比较各个方案的优劣。

（5）决策同样还是一个复杂的过程，通常情况下，一个问题的解决需要拟定多个备选方案以便进行分析对比，决策的目的就在于从这些备选方案中筛选出满意的方案。最后还需要对方案实施的过程进行监督，对实施效果进行评估。

决策是公司经营的核心环节，它在公司的管理活动中具有极其重要的地位和作用，它是贯穿管理活动过程始终的灵魂，是管理的首要职能，是执行其他管理职能的前提。决策的正确性和科学性与否对企业经营的成败起着决定性作用，最终决定了企业或一个组织能否生存和发展。

二、决策的分类

决策具有多层性，从宏观到微观的视角来看，决策依次分为战略决策、战术决策、业务决策。

一个企业的最高管理层负责做出战略决策。战略决策决定着企业的未来，在决策分类中占据着重要的作用，因为战略决策的好坏对企业的长远发展来说是生死攸关的，它考验着领导者的前瞻能力，对未来趋势的一个准确把握以及企业未来发展方向的布局。战略决策包括很多方面，其中重要的方面包括企业发展战略方针、产品及市场开发、投资方向的选择、组织结构的调整等，每一个都关系到企业的兴衰存亡，深刻影响着企业的发展方向、发展规模和发展速度。

战术决策是企业战略决策的具体战术体现，战术决策较之战略决策更加细化，其着重点在于企业内部资源的分配。企业内部资源的分配涉及多个方面，主要是指企业的营销计划、生产计划、资金筹措等方面。

业务决策在其中是最微观的，这样的决策通常与提高效率有关，比如说生产效率和工作效率。这类决策不需要企业大张旗鼓地重视，一般由小组负责人做出决策。

战略决策、管理决策和业务决策共同构成了企业的决策体系，三者从上至下属于层层从属的关系。三类决策既相互依赖又相互影响，有时候上下两个层次的决策之间没有绝对明晰的界限。三类决策并不是与企业组织的三个管理层次（战略决策层、经营管理层、执行管理层）一一对应的。通常情况下，为了提高所有员工的积极性，提高决策质量，三类不同的决策在组织管理的三个不同层次上可做适当的交叉。

从做出决策的理论基础分类，可以分为理性决策、有限理性决策和直觉决策。理性决策的理论模型假设经济活动中每一个人都是完全理性的“经济人”，这就使问题变得极为简单，只需要几个明确的变量就能够很方便地解释社会经济中的诸多现象。

然而，在社会现实中，理性决策的前提条件并不存在，许多现象也无法解释，实际上也不能指导企业的决策。因此，西蒙提出了他的有限理性决策模型，这是一个相对现实的决策模型。西蒙讲述了一个蚂蚁的故事：尽管知道巢穴所在的大致方向，但蚂蚁前进的路线却蜿蜒曲折，其中不乏很多回头路，最后做了很多无用功。这说明环境是复杂多变的，蚂蚁在不断进行尝试，在试错的基础上去发现正确的路径。人类其实本质上和蚂蚁也是一样的，不可能完全不犯错误地直达目标，也就是说我们不可能做出最优的决策。因此，西蒙推翻了新古典经济理论对决策者都是完全理性的假设，西蒙认为这在实际上是不可能的，决策的结果只是一个满意的方案，而不是最优的方案，这就是令人满意的准则。

直觉决策是建立在企业管理者的经验判断之上的，这就和管理者个人的价值观、知识结构、人生经历、管理经验以及潜意识等各方面都有密切联系。在企业的实际管理决策当中，直觉决策往往是最常用的一种决策方式，也是决策最迅速、成本最低的一种方式。因为一个人的直觉几乎已经包含了他对整个事物的全面认知，它已经高度集成了丰富的相关经验和最后的解决之道，体现了敏锐的洞察力和成功的方法。直觉并非来自天赋，而是管理者在企业经营过程中大浪淘沙、逐步积累下的正确认知的总和，使用越多其水平就越高。美国总统唐纳德·特朗普是一位成功的商业巨子，他经营的事业横跨房地产、酒店、媒体等众多行业，在他出版的一本专门讲述其成功商业法则的书中，就专门用一章节来讲述直觉的作用。特朗普认为他做出的正确决策都归功于他相信直觉并按照直觉的指引来做出重大决策！

三、决策的方法

成功的决策同时需要广泛征求各方面专家的意见，采取科学的决策方法，并收集大量的资料、数据和信息作为决策的基础，对大量备选方案进行社会、经济、技术等方面的定性和定量分析，从中选取最优方案。

1. *决策有软硬之分*。

硬决策通常是指建立在数学模型的基础上，运用计算机程序辅助决策的方法。计算机决策支持系统主要以统筹学和管理科学为基础，这样的决策系统将会大大提高决策的准确性，同时能够把决策人员从大量的计算中解脱出来，使其把更多的精力集中在分析解决关键的问题上面。但是硬决策系统也有其弊端，因为硬决策往往依赖数学模型，而数学模型要求条件也必须是明确的，一旦情况发生变化，并且存在着决策者难以预料和不确定的条件因素，硬决策模型将会失效。

软决策通常包含大量的不可控因素，这些因素通常与心理学、社会学和行为科学有关。它通过包含各个学科的专家群体，依靠现代科学手段掌握的大量信息，迅速严密地分析、归纳和演绎，提出决策的目标、方案、参数，并做出相应的选择评价。软决策最适合于受社会因素影响较大、所含不确定因素多的综合性决策，特别是战略决策问题。软决策弥补了硬决策对政治、社会和人文因素无法定量测算分析的缺陷。硬决策和软决策各有所长，决策者应根据具体情况，采用不同的方法或将两者混合使用，取长补短，以做出合理的决策。

2. 常用的决策方法。

常用的决策方法主要有定性决策方法、定量决策方法和确定活动方向的方法。其中前两大类方法最为常见，又各自细分为许多单一的具体方法，下面详细介绍各种方法的大概内容。

（1）定性决策方法。是指充分发动不同人群积极建言献策，利用群体智慧、充分交换意见，从而找到一个合理的决策方法。这样做的好处在于采集众家之所长，取长补短，俗话说“三个臭皮匠顶个诸葛亮”，这样可以最大限度弥补管理者个人经验、智慧不足的缺点。这一类方法有以下具体的类型:

①头脑风暴法。这是当前许多企业内部常用的收集新设想、新创意的决策会议。它的好处是让大家摆脱群体思维的限制，自由表达意见。实践中一般要求先提出一个待解决的问题，由一个有经验的主持人引导参会者自由发表意见，充分进行脑力激荡，并且禁止发表任何批评意见，尽可能多地激发有创意的设想甚至幻想，为最后的决策提供资料。这一方法的优点是参与人员都没有任何压力。

②德尔菲法。又称为专家调查法，主要采取由调查员单独征求相关专家意见的方式对需要解决的问题发表意见，然后根据其判断进行决策的方法。此方法要求专家们相互之间不能进行交流，都单独向调查员反

馈意见，实际操作中往往需要反复多轮次地征询专家的建议，把不同的意见反馈给专家，让他们最终能够达成一致，就完成了决策的要求。这一方法的最大优点是避免了人际的冲突。

③名义群体法。这一方法要求参加会议的所有人员先写下自己对待解决问题的意见，然后每个人都依次在会上充分、明白地说出自己的意见，然后开始讨论并评价每个人的方案，最后每个人都对所有的方案进行单独评分和投票，把所有人的投票统计出来得票最高的就是最后的决策。这一方法可以增强团队的凝聚力。

④电子会议分析法。这种方法就是利用了最新的网络技术来提高会议的效率。开电子会议的时候需要将参会人员集中在一起，每人配备一台电脑并全部联网，参会人员都匿名将自己的意见发送到网络论坛上面供大家讨论，最后再民主投票决定哪一条意见最好。这种方法的好处是能够最快地处理各种不同观点。

（2）定量决策方法。相对于定型决策方法来说属于硬技术，其主要利用数学模型对需要解决的问题进行量化分析从而做出决策。这一类方法主要包含以下几种具体的方法：

①确定型决策方法。常见的确定型决策方法有线性规划分析法、量本利分析法和方案比较法。确定型决策方法存在的前提条件就在于其客观条件是肯定的、明确的，不会有很多的主观变量存在，因此企业管理者可以根据实际情况选择最满意的解决方案。确定型决策方法中最常用的当数量本利分析法，又称为盈亏平分析法，其基本原理是根据与决策方案有关的产品产（销）量、成本、盈利的相互关系分析各方案对应的经营效益的好坏，最后依据分析结果对各方案做出评价和选择。例如，

有多家银行都愿意向公司进行贷款，但是每家银行的借款利息都不同，那么选择利息最低的银行就是最佳的策略，也就是确定型决策。

②风险型决策方法。又称为随机型决策方法，主要与概率有关，由于客观条件存在着各种变化的可能性，因此需要判断在未来经济各事件下各种情况可能发生的概率。风险型决策首先要知道不同方案在各种自然状态下的经济效益，以及这些自然状态出现的概率，然后运用专门的分析计算模型，计算各方案的期望收益并评比各方案最大概率能够创造多少经济效益，最后选择最优的方案。风险型决策方法中常用的有：最大可能法、期望值法、决策树方法。

下面举例介绍期望值法的具体计算方式，首先期望值法的计算公式如下：

$$E(A_i)=\sum_{j=1}^{n}p_j a_{ij}$$

以上公式中，$E(A_i)$表示第i个方案的期望值，n代表状态个数，p_j表示第j个状态出现的概率，a_{ij}表示方案i在j状态下的损益值。

例如，一家公司的产品单位生产成本为10元，在市场上销售时，如果定价不同，销售量也会不同，最后取得的利润也就不同。表4-1列出了三种定价在三种销量情况下分别产生的不同损益值，要求计算哪种定价方案获利最大，见表 4-1。

表4-1 不同定价方案下的损益值

项目	畅销占比：20%	一般占比：55%	滞销占比：25%
高价方案：16元	98元	82元	66元
中价方案：14元	106元	76元	61元
低价方案：12元	112元	70元	55元

根据公式计算如下：

E（高价）=98×20%+82×55%+66×25%=81.2（元）

E（中价）=106×20%+76×55%+61×25%=78.25（元）

E（低价）=112×20%+70×55%+55×25%=74.65（元）

根据以上计算可知，高价方案的期望值最大，所以应该选择高价方案作为最后的定价决策。

③不确定型决策方法。又称为非标准决策，它对决策者的能力要求是最高的，因为所有的条件和可能发生的结果都是不确定的，在不确定的条件下做决策主要考验的是决策者的经验和眼光。为了辅助不确定性决策的高效性，通常可以有以下几种方法进行辅助决策。

A. 等可能性法，是假定未来任何一种可能性发生的概率都一样，通过比较每个方案在每种可能性出现后的损益值的平均数来确定最优的方案。如果以利润最大化为目标，就选择平均利润最大的方案；如果以成本最小化为目标，则选择平均成本最小的方案。

B. 保守法，决策者不确定未来任何一种可能性发生的概率，决策的目标就是避免出现最坏的结果，这样做在放弃了可能出现的机会的同时也保存了企业的实力，以待未来去把握确定性的机会。

C. 冒险法，决策者不确定未来任何一种可能性发生的概率，决策的目标是选择在未来出现最好的条件、最好的结果的情况下能够获得最大利润的方案。

D. 最小最大后悔值法，也叫最小遗憾值法，决策者不确定未来任何一种可能性发生的概率，决策目标是选择机会损失最小的方案。

E. 乐观系数法，又叫折中决策法，这是介于保守法和冒险法之间的一种方法，它要求首先确定一个乐观系数，其取值范围在0~1之间，然后将乐观系数代入公式中进行计算，最后选择期望值最大的方案作为最终的决策。

下面我们举例说明乐观系数法的计算方法，首先根据乐观系数计算损益值的公式如下：

$$CV_i=\beta\times\max|a_{ij}|+(1-\beta)\times\min|a_{ij}|$$

以上公式中CV_i表示第i个方案的损益值，β代表乐观系数，a_{ij}表示方案i在j状态下的损益值。

例如，某公司需要生产一种新产品，但原有厂房无法安排生产，此时有三个方案可以选择，方案1：建设新厂房购买新设备；方案2：扩建老厂房购买新设备；方案3：投资改造原有生产线。

由于市场情况变化较大，未来一段时期内，预计三种方案生产出的新产品在三种市场销售情况下可以带来的净利润如下表4-2所示，要求计算应该采用哪一个方案。

表 4-2　三种方案在不同市场带来的预期净利润

单位：万元

项目	畅销	一般	滞销
方案1	1200	500	−300
方案2	800	350	−50
方案3	550	250	170

现在调查取得的乐观系数计算如下：

CV_1=0.65×1200+（1−0.65）×（−300）=675（万元）

CV_2=0.65×800+（1−0.65）×（−50）=502.5（万元）

CV_3=0.65×550+（1−0.65）×170=417（万元）

通过以上计算可以看到，方案1带来的预期利润值最大，因此应该选择方案1作为最终决策。

第五章

会计与估值

中国资本市场在2015年达到阶段性高点后，截至2018年底，已经走了接近3年的绵绵熊途。在这3年时间里，有基本面支撑的公司屡创新高，相反，涉及财务造假和基本面糟糕的公司却令投资者损失惨重。时间总能带给人一些经验和教训，对经过了熊市洗礼的投资者来说，投资的风格最后都会趋于保守，从最初的单纯投机慢慢侧重于偏向以公司盈利能力作为判断依据的投资方法。其实，从长远来看，投资的回报远高于投机，而投资则必须学会会计方面的一些规则和猫腻。

第一节 会计操纵把戏的嘲讽

公司的盈利分析往往以公司财务报表为起点进行分析，将利润表作为分析重点，把资产负债表作为辅助判断依据进行分析，但是在如今的资本市场，投资者总是天真地接受财务报告上的利润和每股收益，丝毫不会质疑其中的数据来源和公开发布利润表的可靠性。

“收益”这个术语有非常精确的定义。但是，如果收益数值伴随着很多的会计操纵，那么天真的投资者如果盲目相信这些数值，有可能在将来会产生巨大的损失。在现实中，一旦冒险买入存在不诚信管理层领导的公司，收益就极其容易被扭曲，真实的收益会隐藏到海底深处，但是迟早都会暴露出来，暴露出来的同时大笔的资金也会易手。事实上，很多重要的财富都是通过会计幻影的货币化创造出来的。

在分析利润表时必须特别注意折旧以及其他类似费用的扣减，折旧、摊销项目产生的费用与普通营业费用的区别在于，折旧与摊销项目并不代表相应的现金支出，而代表的是损耗或其他因素导致的报废，引起的固定资产和资产价值的减少。

从投资者角度来说，虽然会计上对折旧和摊销的处理是合理的，但是对于投资而言，这些折旧和摊销往往会掩盖企业真实的盈利情况。

案例

不同折旧和摊销政策对公司利润的影响

假设有三家船运公司A公司、B公司和C公司。每家公司都有一艘货轮，我们姑且将三家公司的资本总额都划分为100股无面值股票，每年的折旧前利润都是2000元。

A公司购买货轮的成本为10000元。

B公司购买货轮的成本为5000元。

C公司购买货轮的成本为5000元，但因采取极端政策而将其减记为0元。

两个假设：三家公司的基本情况相同且盈利能力也相同，均为每年2000元，A公司购买成本较高只是偶然事件。

会计师将前两家公司货轮的折旧年限限定为4年，每年25%，三家公司的损益表如表5-1所示。

表5-1　A、B、C三家公司损益表

单位：元

项目	A公司	B公司	C公司
折旧前净利润	2000	2000	2000
折旧（折旧率为25%）	2500	1250	0
归属于股东的净利润	-500	750	2000
每股收益	-5	7.5	20

根据表5-1所示的三家公司第一年的财务数据，我们可以看到A公司每股亏损5元，B公司每股盈利7.5元，C公司每股盈利高达20元。如果一位投资者精通最新的证券估值方法，那么他就会认定A公司的股票几乎一文不值，最多每股5元。另外，他可能会将B公司和C公司的目标股价定

义为每股收益的10倍，即B公司每股75元而C公司每股200元。

毫无疑问，这些从会计方法中得到的数据从本质上来看极具欺骗性，如果贸然相信财务报表上的利润数字，那么将会导致自己的投资蒙受损失。从本例来看可以得出两种比较荒谬的观点：一是资产价值低的公司会比资产价值高的公司更值钱；二是只需要简单地把资产价值大幅减记，公司的利润就会大幅上涨，股票价格也顺势大幅上涨。

一、常见的会计操纵手法

会计操纵获得的利润属于无源之水，常见的会计操纵手法有下面几种。

1. 将固定资产原值大幅减值。

这类手法在含有大量固定资产的公司非常常见，通过将固定资产原值大幅减值可以减少利润表上因折旧而产生的全部费用，这样的会计政策变更将会大幅提高公司的盈利水平。

2. 采用期权、认股权证支付所有的薪酬。

通过这种手法，公司员工的工资单将会全部消除，这样会为公司减少一大部分的管理费用，同时认股权证不会产生任何抵消收益的费用。值得一提的是，公司执行这些认股权证，每年都会获得一大笔额外的资本金，同时还会大大巩固公司的现金头寸。

3. 将存货价值大幅减记。

在宏观经济不景气的时候，很多行业会因为产品价格暴跌而出现严重亏损，但是部分企业通过大幅减记存货成功地解决了亏损问题。这样的会计操纵利益巨大，如果企业的存货以极低的价值入库，一旦行业回升或者产品价格开始上升，那么公司的收益将会显著提升。

4. 将应收账款坏账计提比例大幅降低也能起到利润操纵的作用。

一些上市公司随意变更公司的会计估计和会计政策，将应收账款坏账计提比例降低，这样的手法是通过减少应收账款的坏账准备从而达到虚增利润的目的。

从以上的会计手法操纵中，我们可以得到一个相当实用的教训。如果一家企业在出具的财务报表上大幅调整公司的会计政策和会计估计，投资者们一定要对此提高警惕，应该避免持有这样的公司证券，不论这些公司具有很高的安全边际还是价格极具吸引力。因为纵然高估的利润被纠正后，其安全边际依然非常高，但是这种理论逻辑存在严重错误，管理层的不诚信才是应该考虑的很重要的一个因素，管理层的虚假报告有可能会导致企业走向死亡，在这样隐藏的巨大危机面前，明智的投资者应该尽早远离这类公司。

二、合并报表会隐藏哪些秘密

众所周知，中国的上市公司一般都不是一个单一的个体，一个上市公司的体系里包含大量的子公司、参股公司等。如果用单一个体的财务报表肯定是不能阐述清楚整个集团内部的经营情况，这样，就非常有必要通过合并报表的方式来反映整个集团内部的真实经营情况。如此一来，问题也就凸显了，合并报表的范围有很大的主观操纵性，管理层是否可以通过选择纳入子公司的范围，达到操纵公司利润的目的？答案当然是肯定的，有些母公司可以通过不把创造利润的子公司纳入合并范围，从而低估上市公司的利润；也有可能通过不扣除子公司经营不善而导致的损失或将从子公司获得的投资收益以超过子公司当期实际利润的价值进行合并，从而实现利润的高估。

1. 合并程度有较大的主观操作性。

即使在所谓的合并报表中，合并程度也具有很大的主观操纵性：有些公司只合并境内的公司而不包括国外的公司；有些公司通过持股比例来划分是否将其纳入合并报表范围内，通常情况下，全资持股的子公司才能被纳入合并报表范围内。如果某些非合并子公司的经营成果没有被纳入合并报表内，但子公司所涉及的报告盈利金额非常巨大时，我们就应该对整个报告期的盈利进行调整。

在这里，提供一个判断思路给读者：子公司是否属于合并范围的判断依据并不是主观判断性问题，而是持有股份比例的重要性问题。

举例来说，美国杜邦公司持有的通用汽车股份有限公司的股票份额占其发行总量的23%，不容置疑，通用汽车公司的经营结果对杜邦公司的利润有重大影响，因此有必要调整当期的盈利来反映通用汽车公司对其影响程度。杜邦公司每年通过调整收益的方式来反映持有的通用汽车公司股票上一财年的利润变化，如表5-2所示。

表5-2　杜邦公司对持有的通用汽车经营效果进行调整

单位：美元

年度	杜邦公司每股收益	考虑通用汽车经营效果而进行的调整	调整后每股收益
1931	4.3	−0.51	3.79
1932	1.82	−1.35	0.46
1933	2.93	0.43	3.36
1934	3.63	0.44	4.07

表5-2直观地表现了公司持股大型公司后对自身经营情况的影响程度，这样诚信的会计处理方法备受称赞，虽然程序复杂，但是可以矫正大部分投资者每股收益简单的分析方法，使他们对每股收益的理解有一个更加深入的了解。值得注意的是，当公司报告出现一些不合常理的问题时，公司很可能会自动忽略这些细节对每股收益的影响程度，以便提供更好的公司经营情况，这是值得投资者注意的。

2. 注意子公司支付的特别股息。

如果非合并子公司的盈利在盈余账户中累积较多，母公司的财报上面却无法体现这一点，那么此时可以选择在经营业绩不好的年份，由子公司向母公司支付巨额特别股息来提高母公司的盈利。

比如A公司在2015年收到了从B公司和C公司总额为1亿元的特别股息，A公司用这些特别股息来竭力弥补2015年微薄的盈利，使其账面上的利润看起来非常可观。事实上，2015年A公司的主营业务利润少得可怜，这样的操作方法使得投资者只关注盈利数字，而不能真正理解公司的经营情况。

隐瞒子公司在经营情况好的年份的利润，然后将这些巨额利润转移到经营情况不好的年度，使得盈利看起来能够平滑一点，但是这样的方法终究是本末倒置，并不能提高公司的实际经营能力。作为管理层，真实完整地披露每个会计年度的经营业绩是其义务；作为投资者，需要研究历史年度繁荣和萧条时期的盈利变化来推断公司的“正常盈利能力”，将这种盈利稳定的变现操纵做到心中有数。

3. 母公司、子公司之间的盈利扭曲。

运用母公司、子公司之间的关系使报表上的利润产生令人吃惊的扭曲效果，这种现象在公用事业中比较常见。由于考虑到采用实际名称对公司声誉会有影响，具体公司名称将采用代称的形式来述说，毕竟案例的研究是为了提供一个清晰的分析思路。

2013年，A公司分配了每股7.56元的优先股股息，以及每股5元的普通股股息。公司利润表的利润超过了其支付的股息。这些利润几乎全部来自其绝对控制的B公司（子公司），然而B公司当年的利润却不足以向A公司（母公司）支付巨额的股息，而A公司希望能将这笔股息计入该年利润。为了达到这个盈利目标，A公司通过捐赠的形式向B公司支付了一大笔钱，然后再将这笔钱以股息的形式返回给A公司，这种欺诈的方式使得母公司的账面利润大幅提高，然而事实上，实际利润却远远小于公司公布的数值。之所以会采取这样奇怪的会计处理方法，是因为公司管理层始终想将利润保持在一个“过得去”的水平。这样的会计操纵手法将投资者带入“歧途”，并为那些“内幕者”提供了不公平的利益。

通过上面的分析，我们已经知道，对子公司的经营情况分析是非常重要的一环，子公司经营不论亏损还是盈利都是需要重点关注的。这从中也引发了另一些问题：子公司的亏损是否应该从母公司的利润中直接扣减？当一家公司拥有迟迟不能盈利或者大幅亏损的子公司，是否会影响其价值？为什么我们不可以通过出售亏损子公司或者直接宣布破产清算来终止这种亏损呢？是否可以将子公司的亏损纳入非经常性项目，可能以后公司管理得当，我们可以把这种损失定义为暂时的？

上面这些问题在实际操作当中是非常复杂的，将子公司视为暂时性亏损的前提条件包括子公司作为独立个体的经营不能对公司其他部分产生副作用，并且这种亏损在子公司恢复正常经营状态时可以挽回损失。同样地，公司管理层对子公司是否应该破产清算或者需要被处置应该有一个清晰的认识，但是，当母公司与子公司之间存在大额的关联交易时，如何处置子公司就将变得十分困难。比如说，子公司为母公司的产品贡献了大量的销售额，或者子公司能为母公司提供物美价廉的原材料，这种情况意味着该子公司并不是以盈利为首要条件，子公司的存续经营是母公司保持必要经营活动的重要基础，这样的情况下，子公司将会一直存续。但是，判断母公司和子公司错综复杂的关联关系是非常困难的任务，通常需要广泛研究其他的信息才能得到大致的判断。

第二节　商誉是把双刃剑

在资本市场里，我们经常可以看到大规模并购现象的发生，在这些并购案例中，企业通常以高出收购标的几倍资产的价格进行收购，正是由于这种高溢价收购才产生了资产负债表里“商誉”这一科目。

在中国现行会计准则下，收购企业产生的商誉将会在资产负债表上永久地存续下去，但是需要每年进行一次减值测试，一旦公司对外收购的标的出现减值迹象，就会对公司的利润产生很大影响。

商誉是指能在未来预期时间内为企业经营带来超额利润的潜在经济价值，或一家企业预期的获利能力超过可辨认资产的正常获利能力（如社会平均投资回报率）的资本化价值。商誉是企业整体价值的组成部分。在企业合并时，它相当于收购企业所花成本超过被收购企业净资产公允价值的部分。

分析商誉科目的具体影响，首先需要明确的一点就是，一个企业的超额收益是由资产负债表里各项科目的公允市场价值产生的，还是企业有形资产与无形资产的结合产生的？这类无形资产通常指的是企业的产品与消费者经过多次合作而形成愉快感观的良好经历，以及企业因为常年的努力发展而形成的良好声誉。企业经过长时间积累下来的信誉创造了一条经济护城河。对于消费者来说，这种长期的信誉才是决定企业产品价格的重要因素，而不是企业的生产成本、人力成本等。例如格力电器，正是因为公司主打产品格力空调凭借行业第一的质量优势建立了很高的社会信赖度，使得公司能够在空调行业里拥有常年稳居第一的资本回报率。

从以上的分析中可以看到，商誉的产生很多时候与预期中的超额收益呈现正相关关系。但不同寻常的是，资本市场里面很多大规模的并购往往与超额收益并没有很大的联系。经常可以看到的一种现象就是，企业花很大代价买来的公司在以后年度持续亏损，最终不得不以很低的价格再次出售。并购作为外延式扩张的一种重要手段，为什么失败率会如此之高?

商誉为什么会存在？其存在的意义到底在哪里？我们不妨以一个例子来讲述，A公司是一家具有经济商誉的公司，而B公司则不具有相应的商誉，A公司在2016年以800万元人民币的净资产赚取了200万元人民币，而那家非常平凡的B企业虽然在同一年度也有200万元人民币的净利润，但是为了维持正常的日常经营活动却动用了企业1800万元人民币的有形资产净值。从上面的分析中我们可以很明显地得出A公司的市场价格高于B公司，因为有形资产撬动的利润效应显而易见，侧面上也反映出B公司获得的经济商誉很小，几乎可以忽略不计。

跟B公司类似的企业在资本市场上有很多，这样的公司售价很可能按照有形资产净值出售，也就是净资产1800万元人民币进行出售。但是，如果我们想买一家类似于A公司的企业，就要为其支付超过1800万元人民币的金额，凭什么？就是凭借A公司的资源撬动能力，以区区800万元人民币的资产净额赚取了200万元人民币，其净资产收益率达到了惊人的

25%，而B公司的净资产收益率连A公司的一半还不到，仅为11.1%。

问题来了：在相同净利润规模的前提下，有形资产较少的公司是否更加值钱？答案是肯定的。这就是商誉给企业盈利带来的扩大效应。只要我们想象一下通货膨胀带来的影响就能够很好地理解，即当物价上涨1倍对A公司和B公司的利润影响程度。首先，当物价上涨1倍时，企业若想保持以前年度的购买力就必须要把名义利润增长至400万元人民币。要想将企业的利润实现翻番，可以通过按以前价格的2倍来出售相同单位数量的产品或者维持原来的价格出售较当初2倍产量的数量，在这里需要假定其他影响利润的因素的变动微不足道。

但是通过将产品价格翻番的做法在实际运用中是极其困难的，因此企业不得不将企业原本的产量翻番来实现利润的翻倍成长。产量的增长势必会带来企业有形资产的增长，因为这样的投资是被动的，所以巨额的资本支出很可能会影响企业现有的资金流。现实就是，A公司仅仅需要投入800万元人民币的金额用于产能扩张，而B公司要想实现利润翻番却不得不投入1800万元人民币，这样的资本支出是巨大的。

通常情况下，正是由于对商誉理解的不完备性，使得投资者对待装满了有形资产、自然资源等的企业津津乐道。但是，有一个事实我们却并不能忽略，那就是资金庞大的企业回报率一般都比较低，这样的回报率通常可能只是满足抵消通货膨胀的需求，而用于实际增长或者收购公司就成了天方夜谭。

但是，这种说法只是用于真正的具有核心竞争力的商誉，假的商誉也随处可见，如果一家企业管理人因为满足自身利益需求而采用荒谬的价格去收购一家企业，我们就能注意到前面的一些会计细节，因为这种荒谬的价格不会消失，会静静地躺在资产负债表商誉账户科目里面，一旦出现重大资产减值损失，势必会影响公司的利润。

在分析营运成果和评估一家企业的基本财务状况时，我们应该把注意力放在这家公司在不使用财务杠杆的情况下，仅以净资产额能赚多少钱，这也是衡量这家公司商誉价值的最佳指标。在收购一家企业的时候，还需要重点关注其摊销费用是否从收益和成本中同时扣减了，这是财务处理中必须注意的。也就是说，在有摊销费用的情况下，被收购公司的商誉只能以成本来看待。而且，在评估被收购企业的财务报表时，成本应该包括企业的内在价值，而不仅是其简单的会计价值。

第三节　所有者权益和现金流的谬误

企业收购是企业日常经营的重要组成部分，企业收购成功后面临的第一步就是收购价格的重大会计调整，重大会计调整面临的很可能就是会计数据的失真。对于投资者来说，失真的会计数据将会严重误导其投资决策。因此，收购价格调整入账前的收益是我们需要剥离出来仔细分析的，以求得真实的企业收益。

先来一个小案例：下面是A、B公司某一年度的利润简报，我们需要判断出哪一家公司更值钱。见表5-3。

表5-3　A、B公司主要财务数据对比分析

单位：千元

科目	A公司	B公司
营业收入	677,240	677,240
营业成本	—	—
原材料成本	341,170	341,170
特殊非现金存货成本	—	4,979
厂房设备的折旧费用	8,301	13,355
毛利	327,769	317,736
销售、管理等三费	260,286	260,286

（续表）

科目	A公司	B公司
商誉摊销费用	—	595
营业利润	67,483	56,855
营业外收入	4,135	4,135
税前利润	71,618	60,990
应缴纳的本期所得税	31,387	31,387
递延等项目的分摊调整	—	998
净利润	40,231	28,605

从报表中可以看到两家公司的净利润数值不一样，但是公司的营业收入和所交税是一样的，因此我们判断这两家公司是同一家公司，但是因为企业并购而使会计数据出现很大的差别，其利润金额也会出现很大的差距。毋庸置疑，这样的报告对投资者来说是烫手山芋，如果不能准确分析出实际的企业经营情况，而仅仅相信报表的数据，对投资将会产生很大的误导作用，那么这样的数据差异性到底是怎样得来的呢？下面我们就对以上这个案例详细分析一下。

首先这两份利润表的来源不一样，A公司的财务报表是作为独立经营而形成的，而B公司的财务报表是被收购后，经过会计调整形成的。但是两份利润表描述的是同一种经营状况，即相同的销售收入、工资、税金等，并且A公司和B公司都创造了相同数量的现金，唯一不同的就是会计方法的不同。值得注意的是，作为投资者来说，哪份财务报表展现了真实情况？又应该着重强调哪组数据呢？

追本溯源是我们投资者的必备能力，在解决这些问题之前，先看看是什么导致了A公司和B公司间的差异。首先，A公司和B公司之间的差异是因为收购溢价而产生的，支付了与报表中的资产净值不同的价格。下面我们就看看在会计准则中是怎样处理这样的溢价吧。

首先，对收购溢价进行会计处理的第一步就是将流动资产的置存价值调整为现值，这一调整通常不会改变按现值例行入账的应收账款，但会改变存货的价值，因此会将收购溢价的一部分置于存货科目下，使得存货的账面价值得以增加。

在调整完流动资产后，收购溢价并没有处理完毕，那么下一步就是按照现值调整固定资产，通常的会计手法是将收购溢价分流放进固定资产、递延所得税资产、递延所得税负债等科目中。

在为所有的资产和负债记录了公允市场价值后，如果还有剩余的溢价，那么最后需要将其划入商誉账户。因此，收购前的资产负债表经过会计操纵后就会变成另外一张资产负债表。事实上，经过调整后的两张资产负债表描绘的都是同样的资产和负债，但是，正如大家看到的那样，某些数据大不相同，经过调整后的资产负债表如下表5-4。

表5-4　A、B公司现金及负债数据对比分析

单位：千元

科目	A公司	B公司
资产	—	—
现金及现金等价物	3,593	3,593
应收账款净额	90,919	90,919
存货	77,489	114,764
其他流动资产	5,954	5,954

（续表）

科目	A公司	B公司
流动资产合计	177,955	215,230
固定资产净值	80,967	148,960
股权投资	93,589	93,589
其他资产（包括商誉）	9,836	34,210
负债	—	—
应付票据和长期负债的当期部分	4,650	4,650
应付账款	39,003	39,003
应计负债	84,939	84,939
流动负债合计	128,592	128,592
长期负债及资本化租赁	34,669	34,669
递延所得税额	17,052	4,075
其他递延款项	9,657	9,657
负债合计	189,970	176,993
股东权益	172,377	314,996
总资产	362,347	491,989

从上面的资产负债表可以看出为什么前面的利润表中净利润数值比较低，其原因就在于资产负债表中资产负债数值较高。这就是会计中的资产价值增记，以及某些资产价值被增记后其折旧和摊销会调低利润的结果，因为资产账面价值越高，每年从收益中扣减的折旧费用以及摊销费用必定也越高，从而达到调低利润的目的。下面我们就看一看资产负债表中某些具体科目是如何影响利润的。

（1）存货的价值会影响利润，但是在未来的年度中，这种减记费用会逐渐减少，直至消失。

（2）固定资产的价值增记会产生额外的折旧费用，而且这样的费用会延续很多会计年度。

（3）每年的商誉测试是一个问题，如果发生商誉减值迹象，那么将会严重影响利润。

（4）递延税款的变动也会对利润产生影响。

所有这些分析意味着什么？对投资者来说，投资的到底是净利润为4020万元的企业还是盈利只有2860万元的企业？我们为其支付的收购溢价是值得的吗？

我们只有想通这些问题，才能领悟到什么是“所有者收益”，所谓的所有者收益理应是报告中的净利润加上折旧费用、摊销费用、折耗费用，再减去资本性支出、追加营运资金，如果企业需要超额流动资金维护日常开支，那么超额部分也应该算入资本化中。但是如果单位产量不变，那么采用后进先出法的企业通常不需要流动资金。

资本化开支是一种极其主观的猜测，因此所有者收益本身就包含了巨大的主观性，意味着数值也会出现明显的失真现象，尽管存在这个问题，但是经过修正的净利润是一个合理的估值标杆，因为就估值本身来说，“宁愿模糊的正确，也不要精确的错误”。这样的收益计算导致公司的利润在两张报表上显现出一致，意味着对两家公司的估值也完全一致。

很多时候，精明的投资者们都会忽略正常的资本开支，虽然大多数人承认，企业为了在以后更长的时间保持产量和地位，会在企业上投入更多的资金，但是如果资本开支大大超过企业的折旧和摊销费用，那么会计准则将会夸大所有者收益。石油行业就是一个例子，因为在石油行业中每年的资本开支（前期勘探费用、设备维修购置费用等）都会是一个天文数字，如果按照我们的计算方法，其利润数值将会出现很大的折扣。

有些研究报告中采用的现金流估值法会有很大的失真性，只是在例行公事地采用净利润加上每年的折旧和摊销，但不会减去每年的资本开支，这样的估值方法是极具欺骗性的，因为这意味着企业永远不需要设备更新、改善和修整。现金流估值方法并不是万能钥匙，并不是在任何行业都完全适用，因为这些企业每年的资本性支出都很大，它们必须投资，否则就会垮掉。

第四节　内在价值、账面价值和市场价格

内在价值是投资时必须注重的一个方面，其为我们提供了一个标杆，帮助我们判断价格的高与低，为我们评估企业的相对吸引力提供了方便比较的科学指标。内在价值的定义也非常简单：一家企业在其未来的经营中可以获得的总现金的折现值。定义固然简单，但是在实际运用中却会出现重重困难，比如说贴现率的确定以及企业的存续期，这些都需要很强的主观判断。

正如上面所说，内在价值的计算并不如此容易，我们首先需要明确的一点是内在价值属于估计值而不是精确值，而且这样的估计值还要考虑到未来的利率变化和现金流的变化来进行跟踪修改，即使是同一个人计算出来的折现值也会有所不同。因此在这一问题上，强迫症患者会变得无所适从，但是事件本身就是不够完美的，“宁可容忍模糊的正确，也不要精确的错误”。

每股账面价值的计算相较于内在价值来说非常容易计算，在每年的研究报告中都能轻松找到该数值，但是用途却非常有限，你不可能要求如此容易得来的数据会为你提供巨大的帮助。值得注意的是，每股账面价值和内在价值的差别是非常巨大的，并且可能朝两个完全不同的方向发展。例如，某些公司的每股账面价值是20元，但是公司的净资产却不

能完全地为其带来十足的盈利和现金流，并且公司所处行业普遍亏损，在这样的情况下，公司的每股账面价值将会远远大于其内在价值，因为这些资产收益率很低，其清算价值将在无形中大打折扣。虽然每股账面价值和内在价值之间存在较大的偏差，但是研究每股账面价值的百分比变化，将有助于我们研究公司的发展趋势。

如果投资者还不能完全理解账面价值与内在价值的变化，那我们就采用另外一种形式来进行生动解释。我们来分析另外一种形式的投资——大学教育，我们可以把教育成本看作是内在价值，要想得到精确的成本就必须考虑到学生为了接受教育放弃的沉没成本，这里所说的沉没成本是指学生为了学业而放弃工作所失去的收益。至于教育所蕴含的内在经济价值，我们可以这样计算：首先估计毕业生在整个一生中所能获得的收益，然后从中减去在没有得到教育的情况下该毕业生在一生中可能获得收益的估计值，这样会得到一个超额收益数值，然后应该按照一个适当的利率将其折算至该学生毕业以后的职业生涯中，这样计算出来的收益就等于教育的内在经济价值。

市场价格是波动的代名词，因为普通股票都会随机出现大幅度的价格波动，正是由于大幅度的价格波动，投机者才会对在这种价格波动中获利的可能性感到狂热。因此摆在他面前的有两条路：择时交易和估价方法。所谓择时是指努力预测股市的行情，并通过自己预测所得来的结果做出决策。而估价方法却与内在价值有关，在股票的市场价格低于其内在价值时买入，价格波动高于其内在价值时卖出。择时交易看起来似乎没有很大的逻辑问题，在市场爆发前买入，或者在市场见底时买入，这些看起来都很简单，但是，只有真正操作起来的投资者才知道难度是多么大！因为最终很可能就演变成一个投机者。投机不是什么不可饶恕的事，投机这事并不能全盘否定，因为每种方法只要经过试错和反复完善，总有可能会取得成功。

目前，通过报刊、网络或手机端，我们能看到各种研究报告和预测报告，A股市场的投资者也非常小心地关注市场预测。但是在股票投资生涯中经历了数次牛熊市的洗礼后，我们终会发现，对股票的预测长期来看都是无效的。此外，值得一提的是，似乎每个人都没有注意到择时交易所具有的一个特点：对投机者来说，因为想迅速获取收益，经过长时间的等待来获取收益的想法是不会被接受的。然而，这样的等待期对投资者来说其实根本不值一提，如果出现自以为可靠的信号而买入股票，那么结果只有一个，按足够低的价格买到股票来弥补自己的股息收入，这样的行为也是多此一举。

第六章

现金流分析及权益估值

部分投资者可能从一开始就对基本面分析很感兴趣，最开始学到的知识是假定市场是有效的，因此基本面分析是徒劳的。而后来，投资者们开始发现有些现象似乎与市场的有效性相背离，比如规模效应和一月效应。这些市场异象给人的印象是相当机械的。事实上，当你搞懂现金流的相关知识后，背后的原因也就很容易理解了。

第一节　收益质量分析

一、为什么要分析收益质量

如今，每个人都知道收益数据是可以进行人为操纵的。因此，一些从业者仅仅只关注现金流，并在这些数据的基础上进行内在价值分析。但还有一个重要问题需要引起我们的注意，那就是收益和基本的主观假设是不相关的，这也是为什么分析收益质量如此重要的原因。

收益质量的分析效果之所以如此好，是因为尽管收益有不足和缺陷，但大部分市场仍然是看收益的。如果你有个水晶球可以看到现在开始一年或一季度内某种变量的值（除了股票价格），你最好的选项就是收益。通过与当前公认的预期进行比较，就能形成一个强有力的交易策略。同样，即使你的水晶球告诉了你某只股票真正的内在价值，知道那个数据并不足以帮助你在短期内想出交易策略，那是因为，如果有可能的话，股票价格需要很多年才会回到那个内在价值。对于那些想要预测未来3~12个月股票收益的人来说，知道未来的收益比知道内在价值要好得多。

目标收益质量同样重要，因为它使投资者关注于“连续进化”的商业经营和会计假设。对一个公司进行正确的会计记录，关键取决于它所在的行业，它的经营模式以及它如何与竞争者抗衡。

以美国的一家生产甜甜圈的公司为例，这家公司在过去几年里经受了重大的损失，因此该公司在甜甜圈生产设备上投入巨资，并且在这些设备的使用寿命期10~15年期间对其采用直线折旧法。对公司而言，这种折旧方法是错误的。其实对投资者来说，对甜甜圈的物理寿命并没有任何质疑，但是，甜甜圈产品似乎是一个潮流产品。公司首次开设新店的时候，人们会在店外排长队来购买甜甜圈。公司还在新闻发布会上宣传了这一现象，这样会导致前期的收入会高一点。但很显然，这种现象将很快消失，无疑两三年后人们不会再在新店开张时排队等候，公司不可能使用向前负债折旧的会计政策而计入利润，并与甜甜圈产生的现金流一致。

二、超预期收益的影响

资本市场里，人人都在谈“预期”，但是能把“预期”说得清楚的却寥寥无几，首先我们需要明白一点，即为什么会产生预期？通常的解释为，预期的产生包含两种情况：第一种是预期产生的原因为估计，也就是说，预期的产生来源于对未来情况或好或坏的估计，正是投资者基于对未来情况的估计从而主导自己的决策。第二种是产生预期的原因是期望，正是投资者对未来某一事件产生或好或坏的希望，从而有所期待，正是这种期待影响投资者的决策。

估计和期望是产生预期的组成因素，但是估计和期望对预期的影响有显著的不同，具体的差别如下：

估计是对未来情况或好或坏的估计，这种估计产生的预期将会直接影响投资决策，具备很强的及时性特点。

若是期望产生的预期，情况会有所不同，因为期望指的是某人对某事有所希望，但是这种希望产生的预期是在希望变成现实之后产生的，因此有比较强的时间阻隔性。

在资本市场里，对大势的判断通常采用估计来帮助我们进行辅助决策，举例来说：在2018年，全世界因为美国总统特朗普发动的贸易战而陷入一片恐慌，正是对贸易战发生后产生了一个糟糕的情况估计，导致资本市场不断有人因为对前景悲观的估计而出现大额抛售行为，导致全球股市都受到影响而出现不同程度的下跌。对具体标的的判断，我们通常采用期望来帮助我们进行决策。在财经新闻频道里，我们经常能听到××公司业绩好于预期的新闻报道，这样的预期往往是在希望变成现实之后产生的，对于股价来说有很明显的助涨作用，因此对具体标的的分析通常更需要用确定性的事实（即好于预期成为现实）来进行辅助判断。

通常情况下，预期也分为两种：

（1）适应性预期。是指运用某经济变量过去的历史记录去预测未来可能出现的数据，并且根据现实的变化反复检验和修订，采用试错的方式使预期逐渐符合客观事实。

（2）理性预期。指在有效地利用一切信息的前提下，使用恰当的经济理论或者数学模型来对经济变量做出预期，预期的结果从长期来看、平均来说是最为准确的。

在资本市场里，人们更倾向于用理性预期的角度来思考问题，因为理性预期与逻辑紧密相关，只有建立在详细的信息收集基础之上，并善于寻找到其中的逻辑关系，才能找到正确的投资机会。

众所周知，如果一家公司的利润实现超预期收益，那么公司的股价将会在短时间内获得资本市场的青睐，迅速拉升上涨。特别是对于成长型公司而言，实现超预期收益更是导致股价上涨的直接催化剂。作为投资者，如果能精准预测到这些超额收益准确发生的时间节点，那么就能够在短期内获得极高的投资收益。

收益质量分析最大的作用在于，在分析成长型公司中隐藏的收益地雷中筛选出正当的业绩增长和虚假的业绩增长。例如，有些企业会通过激进的会计操纵手法进行利润粉饰，从而为投资者呈现出一幅虚假的企业繁荣画面，这些操纵手法的存在意义就在于，可以直接快速地推动上市公司股价上涨，达到获利的目的。并且让部分人对公司产生依赖，从而能够更方便快捷地融通资金。但是一旦这些伎俩被媒体或者监管机构曝光，公司股价也将会剧烈波动，因此收益质量分析是公司分析中不可或缺的一环。

三、如何分析收益质量

前面我们已经知道，激进的会计手法对利润质量有明显的影响作用，因此收益质量分析就显得非常必要，它能够帮助我们更好地对企业利润做出正确的评价。收益质量分析在辨别真实股票超额收益方面表现得非常好。但是，值得一提的是，收益提高不仅仅是因为会计手法的激进，也可能预示着企业营业利润的真实稳定增长。因此，对收益质量的提高应该从两方面看待。比如，假如某公司产品存货开始大幅增加，这样的增加不仅仅是企业废旧存货的增加所致，更有可能是公司产品紧俏，企业加紧备货造成的。像这样，单一科目增长的可能性因素肯定需要从其他方面找到辅助因素进行分析，最好的分析切入点就在于应付账款项目的分析。如果一个企业的存货增长是为了满足消费者的需求，那么应付账款多半会相应增加；如果存货金额的绝对值大幅增加，而应付账款却没有匹配增加，投资者就应该注意陈旧存货因为计提而出现的收益质量的影响问题。同样地，用这种方法还可以判断资产负债表项目的质量问题，因为资产负债表项目的质量问题是大部分收益质量问题的根源。

收益质量的分析有常规的方法，这些方法具备通用性的特点，主要的分析流程分为以下三步：

（1）从公司的年度报告和公告信息获取公司经营的基本情况来判断公司是否遇到经营上的困难。同时可以通过查看同行业其他公司的经营情况，通过对比，对公司的利润质量有一个大致直观的了解。

（2）会计师事务所发布的审计报告中蕴藏着重大利润质量信息。根据审计规则，审计机构对审计对象财务报表出具的意见类型有四种，分别是标准无保留意见、保留意见、否定意见、无法表示意见。四种类型中只有标准无保留意见这一个表明公司的财务报表编制符合会计准则，但是并不代表利润质量就一定高，其余三种报告意见的发布说明企业多多少少是有问题的，需要保持警惕。

（3）用财务指标来进行辅助判断。常见的判断盈利质量的指标包括应收账款周转率、净利润率、毛利率、自由现金流等，通过横向和纵向的比较来判断公司的盈利质量。

通常情况下，收益质量的分析并不是固定不变的，每个行业或者每种模式都从不同的侧重点进行分析，以下几个问题供投资者思考：

1. 保险行业和银行业，账面利润非常高，应该如何分析其利润质量呢？

不论是保险业还是银行业，依旧应当重点分析两个基本点：资产和负债。因为它们有一个共同点，那就是都拥有巨大的有价证券和债权，这些金融资产都在一个或两个科目中全部归纳起来，很难区别出“专有资产”和“专有负债”。因此，开始分析时的侧重点，就是将这些笼统的资产全部专门分类，识别出“专有资产”和“专有负债”，并且重点研究。

对于保险业而言，我们研究的重点应该是应收账款和应付账款的脱节以及因为重大事故而形成索赔的那些事项。这些就是需要重点分析的“专有资产”和“专有负债”，对于银行业而言，处于高风险的贷款也是风险集聚之地，需要重点关注。

综上所述，对于银行业和保险业，我们需要通过细致的财务分析来区分出高风险爆发的集聚地，并且随时注意可能引爆这些风险的催化剂，通过这样的分析来保全自己的财产。

2. 对外收购和兼并能够为公司带来巨大的利润吗？

公司对外收购和兼并是企业寻求扩张的一种方式，但是这种方式利弊并存，一旦整合不到位，公司的现金流和盈利能力会受到很大影响。因此，通过外购或兼并形成的扩张，能否为公司带来利润的大幅提升还有待时间检验。同时，并购上市公司的情况有很多都是在公司股价被高估的时候进行的，因此并购得来的资产负债表的资产项目经常被夸大，从表面上来说可能是必要的，但拆分来看，可能发现公司的利润质量会因此而大打折扣。

3. 对于未来收益的预测，需要重点关注哪些领域？

必须注意，对未来收益的预测是建立在对公司现有的收益有一个详细分析的基础上的。如果对当期利润的影响因素都没有细致了解，是不可能预测到后续利润超预期发展的事实的。比如说，如果一家公司的利润大幅增长，是因为公司对应收账款减值准备计提过低，折旧费用减值过低或者存货减值过低而形成的，那么这样的利润大幅增长的持续性非常小，并且收益质量非常低，对后续的收益预测肯定不能保持一个乐观的估计。

当分析一家公司时，一般要重点关注这家公司最大的资产是什么。如果一家公司的股权投资和非股权投资数量巨大，那么这类投资有非常大的主观性，因为涉及表外资产，所以需要重点关注。

第二节　收入带来的问题

一般来说，收入的确认需要符合中国会计准则的要求，但是因为会计准则的变通性，上市公司一般可以通过不同的会计政策来确定企业的收入。正是由于会计准则具有很大的主观操纵性，收入的真实含金量就显得非常重要。总的来说，会计准则的变通性给投资者留下了两个问题：

第一，企业真实的经营活动创造的价值。

第二，通过会计粉饰编造的多余利润。

上述两种利润直接影响投资者的真实回报，举例来说：由企业真实创造的价值往往会得到资本市场的青睐，股价随之也会上涨；但是通过会计粉饰创造的利润会为企业未来的发展埋下一颗地雷，试想一下，如果企业操纵利润的手法被媒体报道，将会直接打击投资者对公司的信心，随之而来的就是企业股价的深度下跌。

一、折旧和摊销对利润的影响

一个企业的折旧和摊销的财务选择能够显著影响企业的利润，因为折旧和摊销里面包含很多的主观假设，而恰恰这些假设就是粉饰利润的根源。会计报表中的折旧是指固定资产折旧，其定义是指固定资产在使用过程中逐渐损耗而转移到商品或费用中去的那部分价值，也是企业在生产经营过程中由于使用固定资产而在其使用年限内分摊的固定资产损耗费用。而摊销的定义，是指对除固定资产之外，其他可以长期使用的经营性资产按照其使用年限每年分摊购置成本的会计处理办法，与固定资产折旧类似。折旧费用和摊销费用可以影响公司每年的会计利润，但是不能影响公司的经营性现金流。

折旧和摊销的金额计入成本和费用类，但是折旧和摊销的方式不同，所计提的金额也会有很大的不同，因此对利润的影响也会有很大的不同。比如说，有些公司的计提年限的不同对企业的利润影响也不同，采用直线法和加速折旧法这两种方法令每年的折旧和摊销金额也不相同。

假如一家快速成长的公司使用较为保守的会计准则，那么前期的折旧费用就会显得非常高，但是因为企业在高速发展，在当期所获得的利润也会很大，纵然计提很高的折旧费用，公司的利润看起来也相对客观。但是，一旦公司进入平稳期，利润就开始下降，因为前期计提了较高的折旧费用，使得后来企业计提的折旧费用相对较小，对于处于利润下滑期的企业来说，折旧费用较小会相应地增加企业的利润。因此，折旧和摊销在会计上对利润的影响是非常大的。

二、重大资产重组消耗的费用影响企业利润

资本市场对重大资产重组总是表现得很热情，往往企业重组成功，该公司的股价将会翻倍地上涨。但是重组对企业的财务报表却是一个新的考验。重组企业通过大笔的核销和合并报表来显示公司的快速成长，

因为重大资产重组这一事件并不是经常发生的，所以投资者一贯会忽略重组带来的巨大费用问题，但是若一家企业重组动作频繁，那么投资者就应该非常小心，提防资本套利的陷阱。一般来说，当大规模重组费用发生时，公司的利润将被大量吞噬。

三、一次性盈利和损失带来的影响

在中国A股市场，我们经常看到这样的现象：公司在某一会计年度突然出现非常大的利润增幅或者公司在某一年度突然陷入巨额亏损。这样的现象很大程度上归结于一次性商业行为。常见的一次性商业行为有出售股权获利、重大资产重组获利、国家行政处罚导致的巨亏、法律诉讼导致的巨亏等。通常情况下，这些一次性商业行为带来的盈利和损失对公司经营业绩的影响不具备持续性，但是对公司的发展却具有深远影响。比如说，法律诉讼导致的损失很可能使得公司因为巨额的罚款而面临资金流断裂的风险，一旦公司的资金流动性紧张，势必会影响公司正常的经营活动，正常经营活动受阻，肯定会对公司后续的发展产生影响。虽然一次性损失和盈利是不可循环的，但是对未来公司的利润循环却有深远影响。

四、研发费用

研发，不论是在一家公司还是整个国家都有着举足轻重的地位。一个国家，如果没有强大的科研实力作为支撑，肯定跻身不了世界强国之列。同样地，一个企业如果没有强大的研发能力，势必会在未来的商业竞争中陷入劣势，从而逐渐拖垮企业。

中国上市公司的财务报表里，每年都会将研发费用的具体金额展示出来，以供投资者参考。但是公布的数据含金量有多大，还是需要具体情况具体分析。通过分析财务报表，我们知道研发投入的情况主要通过研发人员的数量及占比、研发投入的金额及占比来体现。值得一提的是，一般情况下公司每年研发费用都会在当年全部计作费用处理掉，但是有些企业会将研发费用进行资本化处理，进而在以后年份进行摊销，这样的做法可以调增该企业当期的利润，但不利于投资者客观地评判该企业以后年度的利润。

我们需要时刻注意企业将研发费用作为幌子，将一系列费用全部往研发费用科目里面装，进而形成研发费用虚高的假象。也就是说，我们应该如何辨别企业是否将资金确确实实地用在了研发项目上呢?

行业前景决定研发投入。属于夕阳型行业和处在快速发展的行业，企业每年的研发投入肯定是有很大区别的。在夕阳型行业里，大部分公司都面临着亏损的尴尬境地，这个时候企业的流动资金很紧缺，通常不会在研发上投入很大资金。相反，处于快速发展的行业，整个市场受资本推动力量强，充足的产业资本会推动企业的快速发展，企业也会将大量的资金用在研发方面，这样的行业谁能获得顶尖技术谁就能获得更多的话语权，因此大量的研发投入是必要的，最后也能够带来良好的回报。

企业的市场地位可以判断企业研发资金投入的有效性。如果一家企业在市场处于绝对的龙头地位，就意味着该企业占据了整个行业的大部分利润，当然也有巨大的资金保障来进行产品研发。

本身属于研发性质的公司其研发费用投入金额很高。有一类企业，没有明显的营业收入规模，企业的资金实力也不强，但是企业的研发实力却在行业内数一数二。这样的企业需要区别对待，它们通常是有国家在背后支持，以及各大高校的科研技术在背后支撑，需要重点研究。

五、递延费用

递延费用的产生也是会计面临的一个大难题，并且该科目金额的判断同样也具有很大的主观判断性，因此递延费用带来了利润操纵的可能性。如果公司想要减少费用，就可以通过递延费用来进行调节。幸运的是，这种费用的细致情况我们可以在财务报表附注中看到详细的构成，有助于我们分析判断。实际上，会计上的收入不仅是会计准则上的收入，更是一种可以通过业务实际操作得到的收入。

上述的这些问题都能很大程度地影响公司的利润，那么投资者应该如何解决这些问题来评估公司的正常收入呢？首先，我们应该记住一个基本的要点，即所有的收益分析用一般的资产收益比率。如果某一公司极其在意营业收入，那么其就会有意识地提高利润边际贡献，从而通过提高存货周转率来实现营业收入的增加。如果一家公司降低资产周转率，那么可以从另外的角度看到其对财务报表的影响程度。同时，财务报表附注是我们重要的撒手锏，里面详细的内容分析可以帮助我们更好地理解和分析收益，因为这些附注都能明显地看到会计政策实施的变化。此外，有的投资者还会把关注重点放在现金流量表上，因为现金的流转不会有很多明显失真的数据，也可以更加真实地接近企业本来的价值。

第三节　自由现金流模型估值公式

自由现金流模型，简称自由现金流（free cash flow），最早由美国西北大学的拉巴波特、哈佛大学的詹森等学者于20世纪80年代提出。在股票市场上出现了许多财务丑闻，特别是在进入21世纪后美国多家绩优蓝筹公司破产之后，这些公司在财报中亮丽的利润指标数据使投资者感到原有的公司估值方法存在巨大的漏洞，而自由现金流模型正好可以规避财务造假，使之逐渐成为企业价值评估领域使用最广泛、理论最健全的估值方法。目前美国证监会明文要求在其监管下的交易所上市的公司年报中必须披露现金流指标。

我们先来看看自由现金流量的含义，它是指企业将创造的利润进行再投资后剩余的可供企业自由支配的现金流量，换句话说，就是企业获得的现金流收入在满足了再投资需要之后剩余的部分，这部分现金同时也是在不影响公司持续发展的前提下可供分配给企业股东和债主的最大现金额度。用公式来表示就是，自由现金流量（FCF）=企业经营活动产生的现金流量（OCF）-资本性支出（CE），即FCF=OCF-CE。自由现金流模型需要使用多种财务数据来计算企业的内在价值，这一企业估值方法同时也能够用来衡量企业拥有多少能够回报股东的现金。

为了计算不同的价值，企业的自由现金流量主要分为企业整体自由现金流量和企业股权自由现金流量。企业的整体价值包括了股权价值和债务价值，可以使用整体自由现金流量来计算，具体计算方法是企业的总现金流量减去经营支出、投资需要和税收之后剩余的部分。企业股权价值可以使用企业股权自由现金流量来计算，具体是指企业的总现金流量减去经营支出、投资需要、税收以及债务还本付息之后剩余的部分。简单来说，股权自由现金流量可表述为“利润+折旧−投资”。

自由现金流量等于企业的税后净营业利润，因此可以在财务报表中通过简单计算得到，其定义是将公司不包括利息费用的营业利润总额减去实付所得税税金之后的数额，再加上折旧及摊销等非现金支出，再减去营运资本的追加和资本性支出，最后得到的净值。其经济意义是：最后计算得到的公司自由现金流是可供股东与债权人分配的最大现金额。具体计算公式为：

公司自由现金流量（FCF）=（税后净利润+利息费用+非现金支出）−营运资本追加−资本性支出

这个只是最原始的公式，继续分解可以得出：

公司自由现金流量（FCF）=（1−税率）×息税前利润+折旧摊销−净营运资本的变动额−资本性支出

其中，息税前利润（EBIT）是指扣除利息开支和应缴税金前的净利润。净营运资本的变动额又称为营运资本的追加，如果其为负数就表示营运资本进行了缩减。

使用自由现金流模型对企业估值大致需要4个具体估值步骤：预测公司的自由现金流量，确定一个合理的贴现率，确定公司的连续价值，以该贴现率计算出公司的价值。

（1）进行估值需要预计未来现金流量，那就要根据以往的财务数据，结合公司未来发展来预计未来现金流量。这一步将得出自由现金流模型最关键的数据，是进行估值的基础，市场上通常采用比例法和趋势预测法来预计未来现金流量。进行预计的时候需要根据对企业未来可能面对的各种因素及其变化进行深入的分析，并对历史数据进行科学合理的修正，分别预测企业未来的各项主要财务指标，最后以其为基础计算出企业未来自由现金流量。

（2）确定一个合理的折现率。因为在市场上一个公司的资本来源主要有两种，即股权融资和债务融资，那么这两种资本来源的加权平均成本，就可以看作是一个企业所有资本的成本了，我们就可以以其作为合理的折现率来进行后续计算。计算加权平均资本成本，先要计算出股权资本成本、债务资本成本，最后再计算加权平均资本成本，其计算公式如下：

加权平均资本成本=债务资本成本×债务资本比例×（1-企业税率）+股权资本成本×股权资本比例

（3）企业连续价值一般来说采用两阶段增长模型进行估值。也就是说，把企业未来的发展分为两个理想的阶段，首先是一个明确预测期，然后是一个永久持续增长阶段，其计算公式如下：

$$V=\sum_{t=1}^{n}\frac{FCF_t}{(1+WACC)^t}+\frac{FCF_{n+1}}{WACC-g}\times\frac{1}{(1+WACC)^n}$$

其中，FCF_t是指明确预测期内第t年的自由现金流量，$WACC$代表贴现率，也就是公司的加权平均资本成本。g代表永续增长率，是指公司在进入永久持续增长阶段后每年收益增长的比率。

到这一步我们根据前面得到的各项数据代入公式就可以计算出企业的估值。前两步已经得到了明确预测期的自由现金流量（FCF）和加权平均资本成本（WACC）。

永续增长率g的标准计算公式是净资产回报率利润留存比例，这个公式表明企业未来利润的增长来自留存利润的不断滚动再投入。当然，一个企业的永续增长率还需要结合所在行业的发展前景和企业自身的经营状况进行调整，正常情况下企业在永久持续增长阶段的增长率不会超过宏观经济增长率，所以我们在计算得到g的数值后再加以调整就可以得出预测值。

自由现金流模型告诉我们，公司的价值来自自由现金流量，那么如何增加自由现金流量就成为公司日常管理活动的根本目标。一般来说，公司可以采取以下四个方法来增加公司的价值：

一是增加现有资产产生的现金流；二是提高现金流的预期增长率；三是增加公司高速增长期的长度；四是优化融资决策，减轻债务负担，或者直接减少债务资本，增加股权资本。

第四节　公司估值的现金流分析

自由现金流模型是公司估值中常用的估值方法之一，也是目前国内外资本市场最常用的一种估值模型，本节单列出来进行阐述。该模型的精髓在于企业持续经营期内的现金流通过折现的方式还原成当前的现金流，并以此来作为企业价值评估的依据。自由现金流关注的是企业未来的盈利能力，因为这一方法较其他方法更能够生动地表现企业的经营情况，所以在实践中得到了普遍运用。

采用自由现金流模型的方法对企业估值是投资者需要具备的一项技能。投资者通常买进或卖出的是普通股票，而公司通常买进或卖出的是整个企业，相同之处就在于都涉及企业估值的问题。

例如，有些企业对外出售时，或者出售自身股权时都要涉及企业估值的问题，有些企业可以作价30亿元卖给买家，那么30亿元这个数值到底是怎么得来的呢？虽然这个30亿元数值的确定需要很多复杂的计算，但是我们能够确定的是，在确定企业或者股权价值时，卖家会通过大量的数据演算来得出最有利于自己的报价。

首先我们需要明确的是，自由现金流模型是否对所有企业都适用？答案是否定的，最能直观显示自由现金流模型价值的公司应该是那种在存续期间没有大量资本支出的企业。有些企业估值还偏好于用现金红利进行估值，但是两者的共同点在于，不管是预测每股股票红利还是预测整个企业的自有现金流量，都是采用资本的机会成本对未来现金流进行贴现。对贴现的规则需要理解，一个企业流通的普通股的总价值等于所有未来红利的贴现现金流的价值，其前提条件是只包含对现存股票支付的红利。在未来的某个时候公司可能会决定发售更多的股票，这些股票也就有资格分享未来的红利，公司现存的股票总价值等于总红利流量中支付给现在股票部分的贴现值。

还有一种方法，我们可以假定现有的持股人会购买公司发行的任何新股。在这种情况下现在的股东会承担未来投资的所有成本，也得到未来的所有回报，支付了未来投资之后留给股东的净现金流量，有时候被称为公司的自由现金流量。对成长型公司来说，资本支出是大且密集的，每年的投资流出通常要远远大于资产折旧，总的来说是企业经常处于资金流出的状态。处于这样时期的企业通常自由现金流量变动很大，如果采用某一年度的自由现金流进行估值，通常会产生严重的估值失真问题；同时，若成长型公司的自由现金流为负值时，那么采用自由现金流模型将无法正确衡量其价值。下面，以某航空公司为例。

案例

某航空公司的估值

假设该航空公司有100万股股票，现存资产预期每年可稳获1000万元的盈利，所有的盈利将会以红利形式支付，所以：

每股收益=每股红利

每股收益=每股红利=1000÷100=10（元/股）

假设投资者的机会成本为10%，则：

现值=每股收益÷折现值=每股红利÷折现值=10÷0.10=100（元）

假设来年航空公司计划再发行100万股股票从而使现有的股票规模扩大1倍，发行价为每股100元。除此之外一切照旧，所以从第二年起，公司可稳获2000万元盈利，所有盈利将支付给200万股股票。

该航空公司的价值应该如何计算呢?

采用自由现金流估值方法，我们只要对预期支付给现有股票的所有红利进行简单贴现。这些值不会受到来年企业成长的影响，这完全是由购买新发行股票的投资者来支付的，那些投资者也会得到额外的利润和红利。因此计算出来的股票价值同样是100元。

另一种方法是：如果原有的股票持有人购买了航空公司计划发行的新股票，就对现金流量进行贴现。在这种情况下，所得现值等于所有的盈利减去带来这些盈利的投资成本。所以计算如下：

公司总价值=盈利÷折现值=2000÷0.10=20000（万元）

现值=（公司总价值–投资成本）÷总股本=（20000–100×100）÷200=50（元/股）

使用该方法计算出来的股票价值就是50元/股。

一、如何确定自由现金流

尽管自由现金流模型在理论中实施看似简单，但在实际操作中相当复杂且具有很强的主观性，不论是分析自由现金流的数额还是确定折现率，都带有很大的主观随意性，因此在计算时需要极其谨慎。采用自由现金流模型进行估值需要遵循下列步骤：首先是计算企业在每个时期的自由现金流，然后确定合理且适当的折现值进行折现。在理论计算中，公司的持续经营假设为永远，但是在实践中会出现一个问题，那就是企业不可能永续经营。随着行业的变革，国家政治环境都能显著影响企业的发展和公司的价值。所以，通常做法是得出一个可接受的下一年现金流估计来进行估值。随着时间的推移，每增加一年，预测的难度将会同步增加，这会给估值会带来极大的麻烦。因而，当自由现金流模型被用来估计一个企业的价值时，较久远的企业价值通常由一个代表较近时间节点上的卖出价格的估计值组合而成。

自由现金流进行估值的第一步就是估计公司的现金流量。在这类分析中，现金流的定义很关键。通常定义如下：

（1）预期所得税调整后收入。

（2）加上折旧及摊销。

（3）减去必要的资本支出。

（4）减去必要的营运资本增加。

（5）减去债务本息偿还。

（6）新发行债务调整。

简单一点的计算就是公司的经营活动现金流加上资产折旧，减去每年的资本支出。这些支出必须包括在内，因为如果一个公司的资本机器变得陈旧时，或是增加运营资本公司就不能实现增长，那么这个公司就不能持续经营下去。

我们的目标是估计经常性盈利以及与这些盈利相关的所有现金流项目，包括必要的资本支出。这些估计是现金流估值的主观性判断的第一个区域。预测年现金流通常采用过去的财务历史作为基础，这其中就出现了一个问题，过去永远不能代替未来，但是历史数据却可以成为我们判断未来的依据。构建财务模型是比较直观实用的方法。常见的财务模型应该包括营业收入的历年变动情况。

在构建财务模型的时候，对公司历年的收入做出调整是投资者必须要做的事，必须通过会计调整才能得出可客观反映企业经营活动的真实现金流，也就是我们所说的自由现金流。租赁行业是需要调整的最显著的行业，通常情况下，企业所有者以个人名义持有土地和建筑，并将它们租赁给企业。已经有很多的尝试想要使出租率接近公平市场价值率。然而，在某些情况下，租赁率太高；而在另一些情况下，租赁率太低。这样的安排往往取决于所有者的个人纳税情况。因为实际出租率和经济出租率有显著的不同，这样的产业直接影响企业收入和现金流。

因此需要做出必要的调整来反映企业真实的自由现金流。第一种类型的调整是按照经济规律把实际出租率调整到接近公平市场价值的经济出租率，并以此更准确地计算公司的营运收入。

第二种类型的调整是从利润表中剔除非营运资产相关的收入和费用。例如，一架飞机并非用于商业目的，但由公司拥有并维护。维护和运营该资产的成本必须从利润表中剔除，以避免评估师估计该公司的营业收入时出现失真的情况。其他类型的资产可能有必须从利润表中剔除的收入，还有某些资产可能有收入及支出。

第三种类型的调整是针对非经常性收入和支出做出的调整。例如，公司因为一场突发的官司而产生了一笔额外的法律费用，而这种费用不太可能会在公司以后的经营过程中持续不断地出现，因此应该从现金流估值因素中剔除。投资者必须确定公司的每一笔收入或支出是否会在未来持续影响公司的现金流。

最后，不同的会计处理方法也会影响公司的现金流。这些调整不仅是获得真正的经济收入或现金、数据过程的一部分，也是让公司的现金流估计符合计算贴现率所用的数据所必需的。遗憾的是，将会计处理方法进行充分调整在实际操作中很困难。因此，有时这两者之间是有冲突的，在这种情况下，不需要做任何调整。评估师必须确保公司的现金流量尽可能地接近那些公开上市公司推导现金流所用的现金流。事实上，评估师有时必须构建两个估计现金流的报表，一个是调整后的报表，尽可能地使关联企业看起来就像一家上市公司，而另一个报表则试图表明经济现实。

二、确定贴现率

贴现率的确定是现金流估值中最重要的组成部分，因为主观性很强，所以失真率也较高。影响贴现率的变化因素有很多：首先，不同的时间节点，不同的市场情况（比如说不同时期的通货膨胀率）会影响贴现率的变化；其次，被贴现的现金流也能够与贴现率相互影响；最后，市场利率、长期国债的收益率、短期国债的收益率等因素也能够显著影响贴现率。

上面所述的主要是影响贴现率的多个维度，下面我们就从影响贴现率的外部因素进行分析。一般而言，影响贴现率的外部条件包括替代性投资的可获得收益率、行业状况及前景。其中起主导作用的是行业的前景和状况，在分析这些时可以采用自问自答的方式进行回答。例如，行业的增长率是多少？行业是否稳定？行业是否萎缩？行业的增长如何影响现金流？如果管理层表示，相关公司正打算在未来10年以每年10%的速度增长，但行业是稳定的或正在衰落的，则该预期是没有意义的。

三、影响贴现率的风险

有三个影响贴现率的内部因素：财务风险、操作风险、现金流估计的相关风险。

1. 财务风险。

财务风险有五个基本来源：公司的资产负债率是否非常高，是否使公司无法正常经营；公司的资产周转率以及存货周转率是否正常；公司业务的预期收益率是多少；公司账面上的现金是否足以支付日常开支；公司的覆盖范围广度。这些因素都会显著地影响公司的贴现率，金融措施的风险较高，必定会导致更高的贴现率。

2. 操作风险。

公司的操作风险通常与管理、会计方法、市场的稳定性、客户群和竞争地位相关。在评估管理能力时，存在很多的主观判断，但是却不容忽视，因为贴现率会因此而发生改变。至于会计方法，我们需要判断公司采用的会计方法是否激进，一旦确定公司采用了激进会计行为，意味着公司的风险也随之加大，这个时候就应该采取更高的市场贴现率。同样地，如果市场处于完全竞争状态，市场的稳定性就随之降低，这意味着公司的经营风险变高，所确定的贴现率也应该提高；如果一个企业的竞争力不强，也应该适当提高贴现率。

3. 与现金流估计有关的风险。

如果围绕十年期的销售额和盈利预测有相当大的不确定性，一个新创的公司，前期经营风险极大并且有很大可能性中途夭折，考虑到这种风险，贴现率就应该提高。相反，如果公司有稳定的经营历史以及强大的市场竞争力并且与客户群体有良好的合作关系，这样的企业估值可以适当给一个更低的贴现率。

四、贴现率的组成部分

贴现率主要由无风险利率、宏观经济风险（包括行业风险）、企业特定风险构成。每一种风险需要考虑的重点不一样，因此需要具体情况具体分析。

无风险利率是最容易确定的客观因素。有两种公认衡量无风险利率的方法：长期政府债券、长期国债利率。无风险利率的确定主要与投资期限有很大相关性，就理论上来说：对于某一项长期投资，无风险利率的确定需要与长期国债利率相匹配；对于中期投资而言，我们可以机动地判断无风险利率，常以中期票据作为依据进行判断；对于研发型企业来说，专利多久到期是投资者需要重点考虑的，那么短期利率可以作为参考对象。从实践中来看，投资应该是审慎的，通常以长期国债利率作为判断基础。

确定贴现率最难的部分在于如何确定合适的一般风险溢价，通常情况下由以下几种方法评定：

1. 从投资实践中得来。

这种方法需要投资者具备丰厚的投资经验并且能够较为客观和理性地得出某个数值，因为主观性非常强，所以不同的投资人会得出不同的数据，这种方法在现实中难以实现。

2. 股价现金流比率的倒数加上增长率。

用这种方式来计算一般风险溢价需要很大的工作量。首先，是寻找足够的样本容量且主营业务类似的可比较的其他上市公司，这一步通常是寻找同行业其他的优质公司来进行比较。其次，将整个样本容量的上市公司股价现金流比率进行计算，并剔除掉其中的异常值。然后，求得股价与现金流比率的倒数即现金流股价比率。现金流股价比率是一个真正的资本化比率（股价等于现金流除以资本化率或者资本化率等于现金流除以股价）。资本化率和贴现率之差就是增长率。他们之间的关系是资本化率加上增长率之和等于贴现率。最后，是估计增长率，这一步是所有步骤中最难的，思路包括主观判断所属行业的未来增长率，然后再判断该行业内所有公司的增长率，这样的判断过程需要很强的投资功力，才能合理审慎地估计出合理值。值得注意的是，此处引用的增长率是预期的长期增长率，这样的增长率是没有被观察到的，贴现率的计算是将增长率加上现金流股价比率之和。

3. 通过计算股市历史回报数据来得到一般风险溢价。

一段时间的股票回报率通常高于无风险利率，这个差额被认为是投资者应得的补偿，这也是投资者通过承担股权价格波动风险而获得的额外回报。为了达到评估的目的，一般股权风险溢价的计算通常是同一时间段小市值股票和政府债券二者的平均收益率之差。

这种方法又被称作资本资产定价模型，可以用来确定一般风险溢价，这也是最常用的一种方法，其计算公式如下：

$$R_e=R_f+（R_m-R_f）\beta$$

其中R_e指预期收益率，R_f指无风险利率，R_m指预期市场收益率，β指贝塔系数，也就是系统性风险。

资本资产定价模型公式中所需要的各个参数都需要从财务报表中恰当选取，预期市场收益率（R_m）通常来自历史股市回报。贝塔系数只公布上市公司的数据，因此适用于个别公司的贝塔系数去估计，通常采用类似的上市公司的贝塔系数。贝塔系数的选择对精确计算贴现率至关重要，但是投资者在选择过程中能够获得的指导很少。此外，资本资产定价理论是基于对预期回报率以及预期贝塔值的估计，在实际操作中，我们只能利用历史回报数据和历史的贝塔系数。但悲哀的是，回报率和贝塔值都随时间而变化，使用历史的衡量数据本身就存在问题，所以对于采用资本资产定价模型来推导贴现率仍然持怀疑态度，因为模型中各类数值的确定都包含非常大的主观性。用这样的模型本质上是为了增加估值过程中的客观性，但讽刺的是，使用资本资产定价模型的决策需求增加的却是贴现率的主观性而不是客观性。

贴现率的确定最难的部分在于估计公司特定风险，这样的特定风险不能随之量化，更没有客观的数据来帮助公司获得合适的特定风险溢价，这样的判断我们需要保持一个经验至上的原则，可以评估每个公司的情况，同时投资者需要考虑到公司特定的风险因素，并且明确隐藏的风险是否存在发生的概率，然后再做出一项具体的投资决策。

五、终值

一旦周期性的现金流量已被估计出及贴现率已被选定，完成贴现现金流计算的最后一部分就是计算终值。如前所述，如果公司在t年将会被出售，终值是其在t年的价值，最常用的方法是“资本化”预期的下一期（“$t+1$”期）现金流，如果现金流的增长率从第一期到无穷大的时间期限内是恒定的，且如果增长率相对于贴现率较小，就可以把计算公式简化为：

$$公司价值=CF1\div(i-g)$$

$CF1$指第一期的现金流，i指贴现率，g指从时刻$t=1$到无穷长时间的固定增长率。

这个公式是戈登·夏皮罗提出的，还有另外一种表现形式：

$$终值=(现金流_{t-1})\div资本化率$$

$$资本化率=贴现率-增长率$$

公式中使用的现金流$_{t-1}$是指下一年的现金流。资本化率是风险调整和增长调整后的资本化率，其计算公式为单期资本，假定现金流同增长一样永远持续下去。由上式给出的终值是在未来的时期且必须贴现到现在。

资本化率是一个非常重要的变量，在自由现金流估值方法中，50%~80%的计算值来自剩余价值项的情况并不少见，但是仍需十分谨慎，因为资本化率通常在10%~30%，资本化率的微小变化会对估值结果产生重大影响。

资本化利率与贴现率一样，是由市场决定的，随时间变化而变化，取决于被资本化的对象，并有一个很长时间范围的预期增长率。现金流贴现方法中现在时刻的资本化率的一般选择方法是采用之前得到的贴现率，减去长期增长率的估计值。增长率的长期性不能过分强调，如果长期通胀率预期为4%~5%，增长率将最低为4%~5%，也就是说，没有真正的增长。如果在此之上有真正的增长，分析师必须判定公司能以大于人口增长率的增长速度增长多久，人口只有1%~2%，以及如果从超过50年的时间跨度来看额外增长均值是多少。

作为估计终值的资本化过程的一种替代，人们可以假设，在时刻t结束的时候，公司的价值等于其账面价值。如果一个公司的价值一直等于其账面价值，时刻t可能与其他任何时刻一样，至少是几年之后（然而，检查时刻t的预期资本收益率以查看账面价值是不是账面价值的一个合理估计值。但是如果你正在预期一个从现在起10年内的股本回报率，不要使用账面价值作为终值，因为10年后的行业回报率是现在的两倍）未来的账面价值必须贴现至其估值日的现值。

计算终值的另一种方法是使用行业的经验法则，但是使用经验法则一定不能违背常识。

六、结论

自由现金流模型是理论上最正确的企业估值方法，评估师在估计现金流量、贴现率、终值的时候保持谨慎是非常有必要的，因为一个数值的错误很可能导致企业估值的结果天差地别。预期现金流量必须严格由所有可用的数据获得，且所有可用的数据均支持该结论。

资本资产定价模型可能适用于经验丰富的评估师，但该模型在识别和量化投资风险时必须有相应的智慧和经验。同时，公司的特定风险不能被遗漏，还有其他的方法可以用来帮助获得贴现率或者通过资本资产定价模型获得的贴现率来进行计算。

估计终值是现金流贴现最关键的部分，因为通常情况下的最终评估值的一半来自终值。资本化率和增长率是得到准确的终值过程中最重要的部分。

七、三大疑问

自由现金流模型虽然优点较多，但也为投资者留下三大疑问。

1. 自由现金流模型估值中，大致的贴现率应该在什么范围内合适？

答案取决于具体的公司。当你正面对一家初创公司，风险资本家预期的风险收益率，也许高达每年100%，甚至更多。事实上，除了其他原因外，如果贴现率很高，意味着你对贴现的现金流没有太多信心。对于非初创公司，贴现率通常低至10%~30%。

2. 贴现率应该是税前的还是税后的？

这个问题取决于现金流量是否扣除税费，大多数评估师使用自由现金流量及税后贴现率。

自由现金流模型分析得出的估值是一个少数股东的股票估值还是一个控制者的股票估值?

这个问题取决于你所使用的是控制者贴现率还是少数股东贴现率。例如，如果你调整了所有者补偿，并加回一个巨大的增量，因为所有者采取过度补偿，那么你可能抓住了现金流中一大部分主流溢价。同样，如果你估计少数股东的股票价值，且你也没有调整过度所有者补偿（基于少数股东权力去要求控制者拿较低的工资理论），很多少数股东权益贴现在分子中。

3. 资本资产定价模型有什么缺陷?

首先资本资产定价模型建立在有效市场理论的基础之上，但在实际生活中并不存在有效市场理论中的强有效市场或半强有效市场。同时，也对资本资产定价模型的相关假定存在疑问。作者不喜欢当理论要求预期性的数据时，我们必须用历史数据这个惯例。作者也不喜欢任何人都可以以无风险利率借贷的假设，这不是一个现实中的假设。此外，作者不相信对只是普通股票的投资组合使用CAPM模型是有效的。毕竟，这个理论是从由多种资产组成的资产组合中得出的，不只是容易计量的金融资产。紧接着，存在一些与贝塔系数有关的问题：首先，它们是不固定的；其次，我们不知道是否准确地量度了贝塔系数，价格波动是不是风险的正确衡量方式。盈利波动或者股利波动是否更好？这些问题都有待解决。

第七章

资本投资与估值中的必知

在资本市场投资的过程中，会涉及一些常见的专业概念，这些概念你可能在新闻上或专业刊物上看过，却不一定了解其真实含义。本章内容比较重要，包括有关资本投资的一些重要概念、PE及VC如何进行价值评估等方面，都是必须要了解的知识，我们挑选了一些较为重要的部分逐一讲解。

第一节　资本投资的重要基本概念

一、净现值

相信很多投资者都听说过净现值这一专业术语，但是对背后的深层含义可能却一知半解。那么净现值到底是什么呢？通俗点的解释就是，如果你想知道一部手机的价值，你必须去手机市场了解其合理报价。在资本市场里，你如果想知道未来现金流的价值，就应该去二级市场观察其合理报价。基于的是未来现金流的要求权。如果你为持股人以较低价格在资本市场中购进现金流，那么你就增加了他们的投资价值。

专业一点的解释就是，当我们谈到某一只股票的净现值时，实际上就是在判断该股票的投资是否具备盈利点。一只股票的投资价值实际上就是把现金流对应的要求权分开提供给投资者并在资本市场交易时其合理报价所体现出来的价值。

计算净现值时最关键的环节就是对未来现金流进行贴现，其机会成本就是其未来期望收益率，在功能良好的资本市场上，风险相同的资产都应该具有相同的期望收益率。利用资本资产定价模型进行贴现，我们计算出股票的价值，就应该等于能使投资者得到他们所期望的收益率的买入价格。

二、资本资产定价模型

资本资产定价模型的发布是金融行业的一个里程碑事件。该模型给我们提供了新的思考方法，将风险和收益完全呈现给投资者，帮助我们思考投资时应要求的收益，这样的模型将风险解释得生动形象，其将市场风险分为可分散的风险和不可分散的风险。

不可分散的风险又称为系统性风险或市场风险，一般采用一只股票的贝塔系数来衡量，它可以根据所投项目相对于市场上所有资产的波动情况来计算。系统性风险因其无法避免，而对整个市场影响非常巨大，所以要求我们重点关注，这也是资产的期望收益率随着贝塔系数同步增长的原因。

许多投资者担心资本资产定价模型需要的基础假设过于严格，或者他们担心项目的贝塔系数难以估计，这些担心并非空穴来风。但我们相信，未来会有远比今天更好、更简便易学的理论。

三、价值可加性对投资具备重要指导作用

什么叫价值可加性？就是指公司整体的总价值等于公司所有投资项目净现值之和。当我们评估一系列投资项目时可以将整个投资细分为多个投资子集，然后计算多个子集带来的现金流价值，最后得以加总便得到整个项目的现金流价值。这样的理论应该怎样运用呢？在资本市场里面又该如何体现呢？

价值可加性原理在资本市场的运用主要在公司收购兼并等领域。根据价值可加性原理，A公司收购B公司时，其总体价值只等于A、B公司的所有项目的总价值，其价值并不会随着并购而增加，那么留给投资者思

考的是：为什么资本市场里还会出现如此高的溢价呢？合理的解释就是A、B公司的合并增加了旗下项目现金流的总额，也就是并购产生了协同效应。因此当我们判断某家公司的并购是否得当时，最佳的判断就是公司是否因为这次收购增加了公司额外的现金流。如果增加了额外的现金流，那么企业的价值就会得以提高，反之，可以判断公司的并购活动并没有收到成效。

四、资本结构理论

价值可加性适用于现金流量的叠加，那么现金流量的拆解也应该适用。因此，将现金流进行分解的决策依旧不能增加公司的总价值。如果价值守恒定律可以适用于现金流量的叠加，那么当作减法时也能适用。在实际运用中应该如何理解这一理论呢？我们首先需要知道的是，在一家公司内部，资本结构的改变不会影响公司的价值。也就是说，只要公司资本结构的改变不会引起资产带来的现金流量总额的改变，那么公司的价值就与资本结构无关，也就是说一块蛋糕如何切割都不会影响它的总体价值。

但它确实可以告诉我们从哪些方面来考虑资本结构决策会产生影响的原因。例如，税收是可能的因素之一。负债可以给公司带来利息税盾，这种税盾可能为投资者支付债务利息后的额外个人税款提供了补偿。同时，适量的负债可以激励管理层勤奋工作，但是，过高的负债也可能导致企业陷入代价高昂的财务困境。

第二节　投资中尚未解决的四个问题

一、项目风险和现值的决定因素包括哪些?

好的资本投资其净现值一定大于零，但是对于如何找到净现值大于零的投资项目并没有提出很好的指导性建议，只是指出在企业获得经济租金时项目的净现值大于零，但是值得注意的是，为什么一些公司可以获得经济租金，而同一行业的其他公司无法获得呢？这些租金仅仅是飞来横财还是能预测和计划的？租金来自哪里？在消除这些差异值之前，可以持续多长时间?

还有一个相关性问题：为什么一些实物资产的风险更高而其他的则相对安全？在这里，我们提出了几个影响贝塔系数的原因。例如，运营杠杆不同，或者在某种意义上对于国民经济的变化项目现金流的反映程度存在差异。这些都是需要考虑的因素，然而对于如何估计项目的贝塔系数还没有发现一般性的方法，对于项目风险的评估很大程度是根据经验来判断的。

二、风险和收益：我们错过了什么?

资本资产定价模型在帮助投资者理解资产价值风险上做出了巨大的贡献，但是仍然有很多谜团没有解开，有些是关于统计方面的，有些是计算方面的。统计方面的问题是指资本资产定价模型难以得出准确的结论。统计显示，贝塔系数低的股票其平均收益率太高（也就是说，要高于资本资产定价模型预测的价格），贝塔系数高的股票则平均收益率太低。这可能是检验的问题，而非模型本身的问题。

一般来说，如果两个人兴趣不同，那么他们持有不同的投资组合也就是合理的。但是，资本资产定价模型并不能解决这个问题，该模型假设的是所有投资者具有一样的兴趣，套期保值的动机也就不需要考虑，因此投资者们应该持有完全相同的风险资产组合。

总之，资本资产定价模型在使用中显得不完美不是因为有其他竞争者，而是因为有过多的选择变量。替代风险指标太多，如果放弃贝塔系数，对于什么是正确的路径，市场永远无法达成共识，但是我们也应该充分认识到资本资产定价模型存在的理由：通过一种虽不完美但却极其有用的方法把风险与收益有效综合在一起考量。同时，还应认识到这个模型所传递的基本信息：不可分散的风险与收益无关，几乎每个人都在承受这一风险。

三、管理是表外负债吗?

封闭式基金公司的资产只由普通股组成，人们或许会以为，如果知道了这些普通股的价值，也就知道了基金公司的价值。然而，情况并非如此，封闭式基金公司的股票卖价往往低于基金所持投资组合的价值。

在某些特殊的年代，不动产公司的股票价格要低于公司每股净资产的价格，在20世纪70年代末至80年代初的美国股市上，很多大型石油公司的股票市场价值都低于它们拥有的石油储量的市场价值。不明白的是，为什么这些公司出售的价格会显著低于其资产的市场价值。一种解释是公司管理层增加的价值要低于管理的成本，这就是为什么管理也可能是一种资产负债表的表外负债。例如，石油公司股票的定价之所以要对其石油储量价值折让，是因为投资者认为石油公司进行净现值小于零的投资与管理机构的臃肿会消耗公司石油产品利润，公司的成长机会现值为负数。

四、如何解释兼并浪潮

兼并浪潮背后的深层次原因可以用瀑布流行为来解释，何谓瀑布流行为？有这样一个小故事可以生动解释：晚饭时间，乔治要在两个餐馆之间做出选择，一家为河马餐馆，另一家为永辉餐馆。两家餐馆都比较空，选择哪一家并无多大差异，乔治通过掷硬币的办法选择了河马餐馆。此后不久，乔治娜也在两家餐馆外边徘徊，她有些喜欢永辉餐馆，但是当看到乔治先生坐在河马餐馆而其他餐馆空空如也的时候，她认为乔治知道一些她不知道的事，因此理性的选择是跟随乔治。弗雷德是第三个来用餐的人，他看到乔治和乔治娜两人都选择了河马餐馆，于是放弃了自己的决定随大流。随后来吃饭的人都这么想，这样做，因此河马餐馆的生意暴增。这其中蕴藏着什么样的人性弱点呢？答案就是每位食客在根据他人的显示性偏好修正自己的观点时的行为完全理性。

这样的瀑布流行为在热潮中尤为可见，在投资并购热潮中，几乎每个人都忙于兼并，但是却完全不理会兼并收购的利与弊。同样地，牛市末期也会出现这样的情况，人人抢着买股票，一旦热潮过去，裸泳问题便会凸显出来。

五、投资价值的定义和内涵

对于企业投资中的价值评估而言，准确界定投资价值的定义及其内涵和外延，清晰把握投资价值与市场价值的逻辑和关系，深刻理解投资价值评估结果，是投资价值评估理论体系的根基，直接决定着投资价值理论体系的方向。

中国企业价值评估中，将价值类型分为两大类：一类是市场价值；一类是市场价值以外的价值，包括投资价值、有用价值、清算价值和残余价值等。

六、评估价值与交易价格的关系

评估资产价值古已有之，在我国古代，由于牛、马等畜力在农业生产及战争中发挥着不可替代的作用，因此在市场交换中，买卖双方对其“形容筋股”的评估就显得格外重要。随着市场上牛、马交易的逐渐增多，催生了专门从事评估牛、马等畜类价值的中间人，他们能够公正地对牲畜的优劣做出准确的评估，其职能是评估一个买卖双方都能接受的交易价格，促成买卖成交。现代意义上的资产价值评估是一个经济概念，是指根据特定的价值类型，在特定时间内，按一定评估方法评定资产的交换价值或者说最可能成交的价格的估计值。评估值的经济概念反映了在价值的有效期内，市场对于某人拥有的某资产而出具的利益的评判。

交易价格是与市场买卖相关的概念，表示买卖双方对所交易的资产达成了一个双方都认可的金额，从而能够促成这笔买卖成交，它反映了资产实际交易的价格。交易价格是市场上事实存在过的，如果记录下来就成为历史数据，不论其是否公开披露。某一笔交易的买卖双方，其自身的各种原因可能达成一个特殊的交易价格，远远偏离了市场普通的交易价格，这也是正常的现象，因为不是每一笔交易都会与市场上其他人对该资产价值的判断保持一致。也就是说，交易价格反映了特定市场条件下，特定的买卖双方对当时的资产价值的判断和认可。

资产的评估值与其交易价格密切相关，两者既相互影响又有其自身的变化规律。一方面，评估值可以作为交易定价的重要参考；另一方面，买卖双方还需要考虑到市场情况和自身需要对评估值进行调整，再协商出交易价格。

七、投资价值与交易价格的关系

投资价值作为一种特殊的价值类型，其评估价值自然也不同于交易价格。以企业并购投资领域的投资价值评估为例，根据投资价值的定义及其与市场价值的关系可知，目标企业投资价值=目标企业市场价值+协同价值。协同价值可能为正也可能为负，但一般只有当协同价值总体为正时，企业的投资行为与交易谈判才有意义。并且，协同价值由并购双方创造，协同价值的高低决定了企业在并购活动中所能获得的最大利益。

但是，鉴于协同效应来自并购双方的共同贡献，投资价值并不是目标公司应单独享有的最合理的价值。也就是说，在不考虑交易条款以及市场特定时期的一些特殊因素的情况下，并购交易的实际成交价格应该介于目标公司的市场价值与其相对于特定投资者而言的投资价值之间。

此外，如果在理论上存在一个确定的、理想化的并购交易价格，那么可以进一步合理体现并购双方分别对协同效应的贡献，对于协同价值的确定问题，其实并不是由评估师来确定而是由并购双方的交易谈判最终形成的，因为会受到谈判能力以及团队等方面的影响。

第三节　投资价值评估在PE、VC中的运用

私募股权投资（简称“PE”），是指通过私募形式对非上市企业进行权益性投资，并在交易实施过程中附带考虑将来的退出机制，即通过上市、并购或者管理层回购等方式，出售所投资的股权而获利。

风险投资（简称“VC”），一般是指独立运作的专业投资人对新兴的、迅速发展的、有巨大竞争潜力的未上市创业企业进行的投资，通常是权益性资本投资。

PE、VC项目都具有高风险和高收益的特性，特别是VC项目，在投资过程中面对的不确定因素非常多，投资失败率极高，但是一旦其中某个项目成功，就会获取巨额的投资收益。

一、价值类型选择

PE、VC过程通常包括资本募集、项目筛选、尽职调查、价值评估、投资架构设计与实施、项目监控和资本推出等多个环节，其中，价值评估是最关键的环节。

二、一般投资者视角下的市场价值类型

资产评估对应于PE、VC过程中的价值评估环节，评估目的一般是通

过估算被投资企业的价值，为投资决策提供价值判断依据，评估对象一般为被投资企业。PE、VC的模式通常是以增资方式获取被投资企业一定比例的股权，持有一段时间后通过一定的市场机制实现退出，其投资额度是根据被投资企业的融资需要来确定的，评估结果一般用于计算确定新投入资本所占的股权份额。

在市场价值类型资产评估中，评估师一般都不会考虑外部权益性资本输入带来的价值影响，即不考虑新增股权资本使被评估企业扩大生产经营规模进而扩大未来预期收益额带来的价值增加。从实践中来看，被评估企业在未来经营期间很可能会有新增股权资本进入，评估师应该对其予以考虑，但是其中的难点就在于无法准确界定该新增股权资本在被评估企业接受增资后扩大形成的预期收益额中应享有的份额，也就是说，难以将增资后产生的价值在被评估企业原有股东权益和新增股东权益之间进行符合市场类型的公允分配。

但是，对于PE、VC的投资对象来说，融资困难是一个最大的现实问题，几乎没有任何大规模债务性资本融资能力，因此对PE、VC的投资对象进行评估，若采用市场价值类型，一般只能放弃对未来成长性的充分考虑，仅做出依靠企业自身的现有条件进行简单再生产或者某种内涵式扩大再生产的假设，而不能做出外延式收购兼并的假设。

这时，资产评估得出的被投资企业价值（市场价值）会相对较低，这样的价值水平通常反映出一般投资者对被投资企业价值水平的认知，他们只关注当下，而并不认同其伴随着高风险的成长潜力及其产生的价值。市场价值类型评估结果为“投资前企业价值”，按市场价值类型评估的结果计算的新投资资本所占股权比例如下：

股权比例=投资额÷（投资前企业价值+投资额）

三、PE、VC视角下的投资价值类型

PE、VC的估值模式与上述市场价值类型资产评估有很大差别，与后者的评估对象为投资前企业不同，前者的估值对象是投资后企业，即基于在实施投资情况下的被投资企业未来预期收益和风险来估算企业价值，其投资额对应的股权比例如下：

股权比例=投资额÷投资后企业价值

从前面的介绍中可以看出，PE、VC并不以经营被投资企业为目的，而是提供资金及专业知识经验，协助被投资企业获得更大利润，期望借助被投资企业的快速增长实现股权增值，进而通过股权退出来获取高额回报。可以说，PE、VC是以超常的眼光洞察尚未上市而又能够迅速发展壮大的成长性企业，通过投资、管理将使其发展壮大或者上市，让更多的投资者认识到该企业的价值后，实施股权退出以获取高额回报的过程。PE、VC对投资对象的价值评估过程是一个动态的价值发现过程，以一家生产企业为例，一般投资者关注的是企业当前的生产能力、销售规模、财务状况、产品利润率，进而分析自己的投资进入后，能否顺利地通过盈利分红获得令自己满意的投资回报。PE、VC关注的是企业是否具备技术创新能力，是否拥有独特的核心竞争力，能否在目前的行业状况基础上扩大销售规模并实现持续快速发展，企业管理团队是否有充足的

经验和能力从容应对内部和外部环境的变化，企业成熟后能否在资本市场上市，顺利实现股权流通等。

可见，PE、VC更关注的是企业未来的成长能力，而不是企业当前的盈利能力，这也是为什么PE经常愿意接受一个很高的静态市盈率，VC可以将一个连续亏损甚至账面资产为负的企业作为投资对象的原因。PE、VC是不同于传统投资的一类特殊投资行为，PE、VC一方面对企业提供财务支持，另一方面还会帮助企业提升自身的软实力，比如说在战略、市场、技术人才等方面提供支持，其投资的核心就是在于抓住成长那部分的利润，即赚取“帮助企业成长”的那部分价值。

第八章

股市投资的哲学

做股市投资，肯定需要掌握必备的技能，包括K线、均线、盘口变化、成交量变化、上市公司的财务报表等。前面几章，阐述的是相对专业的估值知识和方法，这些知识是你征战投资市场的利器。但除此之外，在投资过程中还有一些基本道理必须有所了解。

投资是一场修行，切不可急功近利，把一些事情考虑清楚了，才不会被股价的涨跌波动乱了心智。心态摆正了，技术修炼到家了，投资就会变成一件快乐的事，财富也更容易亲近你。

第一节　知行合一是最难的事

俗话说得好，“思想上的巨人，行动上的矮子”，这句话用于形容资本市场中绝大多数人再贴切不过。某些股评家或投资者，每到一处都滔滔不绝地评论着市场和自己的战绩，在猜对市场的走向或获得一两次成功后耀武扬威，大肆炫耀自己多么厉害，而在预测失误或大幅亏损后，却闪烁其词，将自己的错误隐藏起来。这样的评论家或投资者的投资实力到底如何，我们无从考究，但对于这样的言论和做法，投资者还是应当保持警惕。

知行合一是投资过程中需要攀登的高峰之一，所谓知行合一，就是内心与行动达成一致。典型的没有做到知行合一的具体表现行为有：你看对了行情，却没有介入；你明知道股市在未来很可能会下跌，但仍抱有侥幸心理，没有提前出逃。大家都知道这四个字是作为投资者的基本要求，但这四个字知之非难，行之不易，要想真正实践知行合一的理念，需要投资者具备异于常人的气魄和胆识，更重要的是拥有完整的知识储备。

知行合一的前提条件就是投资者拥有足够的自信，如果一个投资者面对趋势的判断不够坚定，对自己所做的决策没有十足的把握，那么在面对热闹喧嚣的新闻报道，以及所谓知名人士、投资专家的煽风点火时，很容易左右摇摆，甚至做出不理性的决策。

知行合一面对的重点难题之一是，在不确定的大背景下，是否能一直坚守自己最初的判断。一旦失误，很可能会带来重大损失。不确定的态势由两个主导因素组成，一个是波动，另一个是是否能够正确判断大势。波动对投资者心理产生的影响非常巨大，很可能会影响投资者的决策判断。试想一下，一个投资者判断目前的宏观经济向好，多种利好消息相继出现，在这样的大背景下，投资者做出好的趋势判断应该是合理的，但当某一天突然出现利空消息，大盘直线跳水，如此急速且幅度较大的跌势很容易引起投资者的心理波动，从而扭转之前对大势的判断。而是否能够正确判断大势与止损有关，同时需要特别提醒的是，在什么样的时间节点或者重大事件的出现，能够证实自己对大势的判断是错误的显得至关重要，因为一旦发现自己判断失误，就要做好认亏出局的准备。

知行合一的关键在于要克服人性的弱点，其中两个难以克服的弱点就是贪婪和恐惧。这两个弱点会让投资者的投资行为变得非理性，从而误导他们的投资决策。一个人被贪婪和恐惧侵蚀时，会产生很多荒唐的行为。比如说：过分贪婪的人，很容易在牛市末期还加入大量杠杆资金，以博取最大收益，一旦熊市悄然到来，投资者就会面临灭顶之灾；而恐惧则会导致投资者瞬间做出与自己以前投资相悖的投资行为，瞬间买入或者瞬间卖出。

那么，在投资决策中，怎样才能做到知行合一呢？

学习始终是能够保持核心竞争力的有效方法，这点在投资行业中尤其突出，不管你是阅读财务方面的知识，还是学习投资大师的成功理念以及自身的实践性复盘，都能大幅提升专业水平和投资能力。在中国资本市场里面，由于制度和规则的不完善，操纵股价的现象随处可见，由此衍生出很多的操作流派，比如说涨停板敢死队、技术派、量化投资派、价值投资派等。不论你的投资风格是怎样的，最后绕不过去的一个目标就是持续性盈利。为了实现持续性盈利，你需要夜以继日地不断复盘、复盘、再复盘！

实践是检验真理的唯一标准。你只有不断通过用资金去探究适合自己的一套方法，经历过无数次失败和成功，才能找到适合自己的盈利系统。再完美的理论也需要大量的时间来验证。南宋著名爱国诗人陆游说，“纸上得来终觉浅，绝知此事要躬行”。我们做投资最后都是要落实到操作实践上面，只有在实践当中不断总结，才能提高投资水平，这些绝不是纸上谈兵就能达到的。

博弈在资本市场随时存在，这也是资本市场吸引无数人前赴后继的重要原因。投资交易是人与人之间的博弈而形成的，买卖双方始终在博弈：当买方力量强于卖方，结果表现为价格上涨；反之，当卖方力量弱于买方，结果表现为价格下跌。由于交易对手的决策和行动随时都在发生变化，不确定性时刻存在，因此投资的难度极大。只有靠长期的实践，经过大量经验和教训的积累，并由此总结出独特的投资方法，才能在投资市场中长期立于不败之地。

是否拥有良好的投资心态，是判断一个投资者是否成熟优秀的重要必备条件。当然，良好的投资心态需要长期的实战沉淀，不断反思总结。

首先，切忌急功近利，用实业的思维做投资。投资风格有很多，投资者的性格和擅长的投资方法也各有不同，有的是技术派，有的是基本面派。但不管是哪门哪派，时间长了，你就会发现一个有趣的现象：那些经常心情愉悦，把投资当成玩儿似的人，反而容易获得超额回报。而其中的秘诀是，要想自己买的是一家企业，不仅仅是一只股票，你的压力会比做超短线小很多。良好的投资心态应该是比较客观理性并且遵循客观规律的，始终坚持一颗平常心而不受其他因素的干扰。

其次，就是需要有完整的牛熊市轮回的长期投资经历，因为经历过很长时间不同市场情况的投资洗礼之后，你的心态才会趋于稳定，不会太容易急躁，这也是一位优秀投资人能够走得更远的必备条件，这也是一般的投资者最难做到的，只有那些意志坚定的人才能超越自己，到达胜利的彼岸。

大多数人并不是输在对投资的正确认知上面，而是输在具体的投资行动上。一位知名投资人曾说过："大多数投资者看起来都是理论上的巨人，行动上的侏儒。在投资实践当中，能真正做到知行合一的人，少之又少。很多人刚开始都可以坚持正确的投资理念，但在真正遇到挫折的时候就会动摇。因此，我们必须把自己投资的理念深入贯穿到我们的价值观之中，并秉持这种价值观在长期投资行为中实践，这样才能做到知行合一。"

第二节　复利让盈利奔跑起来

相信很多人当年在中学课本上曾读过一个古老而经典的复利故事。古代有个国王，打算重赏国际象棋的发明人——他的宰相。国王问他想要什么，他说："陛下，只要在我的棋盘上赏一些麦子就行了。请在棋盘的第1个格子里赏给我1粒麦子，在第2个格子里赏给我2粒麦子，第3个格子里赏给4粒麦子……也就是说往后每个格子都比前一个格子加1倍麦子。请把摆满棋盘上所有64个格子的麦粒，都赏给您的仆人吧！"国王觉得很容易满足他的要求，就答应了。但是当人们开始一格一格地计算所需麦子的总数时，国王才发现：把整个国库甚至全世界的麦子全部拿来，也远远无法满足他的要求。那么宰相要求的麦粒究竟有多少呢？总数为：$1+2+4+8+\cdots\cdots+2^{63}=18446744073709551615$（粒），也就是1844亿亿余粒。

爱因斯坦也和聪明的宰相一样看到了问题的实质，因此发出了"复利是人类第八大奇迹"的感叹。巴菲特的巨大成功也来自将复利模式成功地运用到他的投资当中，他的搭档芒格深有感触地说，"理解复利的魔力和获得它的困难是理解很多事情的核心和灵魂"。虽然很多人似乎都明白这个道理，但真正把复利运用到投资实践之中的投资者寥寥无几。

时间是复利奇迹的必备条件，人是时间性的动物。没有时间，所有的东西都无从谈起。试想一下，如果人类生活在没有时间的维度里面，生活境遇将会出现本质的不同。许多人在日常生活中能容忍自己在寻路时极差的方向感，但却不能容忍自己在任何时候都不知道时间。时间是许多事物的奥秘所在。如果抛却时间这个维度不谈，很多事物都将会没有意义，对投资来说，时间更是至关重要。时间会让金钱贬值，时间越长，金钱贬值得越多，但如果投资得当的话，时间将会催生出巨大的魔力，使自己的资产价值迅速增值。但是对于短期投资者而言，追求短期回报和频繁交易的投资者将很难得到时间的青睐，很难完成资金的巨额积累。

稍有经验的投资者都会发现，投资中常见的两种主要失误都与时间密切相关：一种是买进了经不起时间考验的劣质资产而导致投资亏损，另一种是卖出了经得起时间考验的优质资产而错失了获利机会。这两大错误的共同特征都是在投资判断上出了错，我们的投资是否经得起时间的考验，是一笔交易，最终是盈与亏的关键。

有人喜欢时间，有人惧怕时间。对价值投资者来说，投资的增值是通过公司不断经营获利来实现的，投资回报与持有时间的长度成正比，时间越长，公司经营获利就越大，投资增值就越多。在这类投资者看来，投资其实很简单，在做一项投资决定之前，经过反复分析研究，投资买入以后，就把其他事情交给时间。

这个世间有很多的不公平不公正的地方，而时间是最公正的。无论你是哪一种风格的投资者，你所做出的每一个抉择都要面对时间的考验。你信任时间，时间就会回馈你。对于短线投机者来说，他们不信任时间，具体表现是：牛市时觉得时间太少，老希望把每天4个小时的交易时间延长到8个小时甚至更多；而熊市时，觉得时间停止，不交易最好，这样股市下滑的风险就没有了。

所以，在价值投资者看来，最稳妥的投资之道，就是把时间变为盟友，尽量去投资那些经得起时间考验的优秀公司，以获得超额回报。有人说，价值投资的秘诀靠的是复利，这话没错，可谓精准点出了问题的关键。可以说，正是时间成就了复利的奇迹，而复利可以让盈利奔跑起来，问题是，能坚守价值投资的投资者有多少？你会是其中的一员吗？

第三节　成长与价值能否相伴相随

“价值投资”与“成长投资”这两种风格通常被人们理解为两种完全不相关的投资手法。成长投资意味着人们购买高市净率、高市盈率、高红利率的公司，这样的公司多数处于资本浪潮的风口下，其中很大一部分都是市场青睐的行业。

每个人对成长股的投资看法都不一样，有些人认为“成长股的投资极具偶然性，这样的公司成长迅速，价格高，资金青睐程度高是资本市场追逐的热点。说来也奇怪，成长股和成长型公司之间并没有多大的联系。所谓成长股，只有在涨幅巨大过后可以事后认定为成长股，这样的事后说明是不具备价值的；所谓成长型公司，往往意味着公司有很强大的管理能力，拥有高端的技术，并且公司的价格能够合理地反映投资者对未来盈利能力的估计，并且成长型公司应当具备两个因素：管理能力和盈利能力”。

在杰罗姆·科恩、爱德华·津巴格和阿瑟·塞克尔共同所著的《投资分析与资产组合管理》一书中，成长型公司被明确定义为“该公司的销售、利润和市场份额的增长速度均超过总体经济的增长速度，同时也超过同行业其他公司的平均增长速度”“成长型公司非常注重研发，其业务发展极具爆发力，它们更愿意把赚到的利润进行再投资扩大再生产，而不是支付股利。尽管成长型公司种类繁多，但它们都具备几个重要的共同特征。首先，在不断扩大的市场中，成长型公司占有很大的市场份额，并且市场占有率在不断提升。公司的产品或服务远远领先于同行业其他公司，大多都是通过在某一方面的市场抢占先机而获得高额利润的”。

那么，主流的成长股投资方法有哪些呢？标准又有哪些？成长与价值能否相伴？下面进行详细解读。

一、主流成长股三大投资方法

1. 第一种叫长线投资法。

简单来说，就是投资那些杰出的、有特许经营权的企业，它们能够在相当长的一段时期内以超过行业平均水平乃至总体经济水平的速度发展。这种投资方法要求投资者能够精准识别有宽广护城河的公司，并且拥有足够的耐心，与时间做朋友从而形成超强复利效应。

2. 第二种叫行业投资法。

即以合理的价格买入并持有，从而获得长期发展的红利。这种投资方法往往要求投资者对某一行业有深刻的认识和独到的见解，能够寻找到未来有爆发性成长的股票并且可以充分利用其波动，将买入价格控制在合理性范围内，保证其不会支付更高的溢价。

3. 第三种叫成长股投资法。

即要求投资者能够筛选出那些收益增长速度更快，盈利不断上升，能给投资者带来惊喜的公司，就是通常所说的业绩持续超预期增长的公司。

二、买入的标准是什么

价值投资往往与安全边际联系在一起，安全边际通常指的是股票价格远远低于其实际价值，价值投资者就可以持续性买入并做好长期持有的准备。但这样的投资有几个问题需要解决：为什么股票的价格会如此低？为什么要选择持续性买入？如何判断股票价格远远低于实际价值？如何利用“市场先生”情绪的变化来寻找买入机会？

1. 为什么股票价格会如此低？

股票价格被低估通常由以下几个因素组成：

（1）整个宏观经济环境很差。货币政策不积极等导致整个大势都处于下跌态势并且短时间内不会有所改变，在这样的环境下股票会经历一个绵绵阴跌的过程，将价格跌到非常低的一个水平。

（2）行业属于夕阳行业。这个行业中公司大部分亏损，很难吸引到外部的资本力量追逐，导致股票价格非常低。

（3）突发事件的发生。有些公司基本面发生重大变化，比如资金链断裂，重大财务造假，企业发生重大安全事故等会将股票打到一个非常低的价格。

（4）股票市场价值一度估值虚高，市场回归理性，股票价格因此持续下降最后反而跌破实际价值。

2. 为什么要选择持续性买入？

持续性买入是将自己的风险降到最小，因为当股票价格低到一个位置时，事前我们是绝对不知道这是绝对低位，绝对低位通常都是事后才能确认的，那么我们怎么才能规避掉建仓过后股票继续下跌的风险呢？

答案就是分仓介入，虽然分仓介入很可能会导致初始投入不够从而导致盈利不会实现最大化，但是从另一个角度来看，作为不受资本青睐的股票，能具备短时间迅速上涨的条件吗？显然是不能。因此，持续性买入就是一个比较恰当的投资策略。

3. 如何判断股票价格低于实际价值？

既然谈到价值，估值势必绕不过，估值的方式有很多种，需要具体情况具体分析，这里我们讲解一种较为实用的比较估值法来判断公司股票的市场价格相对高低。

比较估值法是指将公司历史价格作为判断依据，以市盈率或者市净率作为辅助判断指标，将历史最低价格的特征进行归纳总结，进而判断股票价格处于历史价格什么位置。

4. 如何好好利用“市场先生”？

巴菲特的老师格雷厄姆将市场先生的形象刻画得淋漓尽致：“设想你在与一个叫市场先生的人进行股票交易，市场先生每天都会对每只股票给出一个价格，你可以以这个价格买入或卖出任何股票。市场先生的情绪起伏不定、难以捉摸，有些日子市场先生很乐观，只想到未来可能出现更好的情况，因而就会报出很高的价格；在另一些日子，市场先生却变得极度悲观，无限放大眼前的困难，报出的价格也就很低。同时市场先生还非常忠于他的职守，他不管有没有人与之交易，只要市场营业他每天都会不厌其烦地提出他的新报价。市场先生对我们有用的是他的报价，我们可以随时和他进行交易，但我们千万不能被他的情绪影响。相反，我们可以利用他情绪起伏的弱点，在报价高的时候把股票卖给他，在报价低的时候从他手中买入股票。但是如果你受到他情绪的影响，做出非理性的投资决策，后果将不堪设想。"

市场先生这个概念对投资来说具有启发意义，可以让我们克制因为市场的波动而产生的不理智行为，面对大幅的价格下降，持续性买入不失为一个好办法。

三、成长与价值能否相伴

成长本身就是价值的一部分，这两者是不可分割的，需要注意的一点就是未来的成长是否已经被现在的价值所体现，如果未来的成长已经体现在目前的股票价格上，那么这样的成长并不是好事，因为这将会直接导致过高的价格介入，在这样的情况下很难获得超额收益。

很多投资者不自觉地把二者割裂开来，殊不知撇开成长来谈价值，是一件很可笑的事情。如果用辩证统一的观念来看，成长与价值是相生相伴的关系。

第四节　烟蒂投资法是否适用于A股

投资大师巴菲特曾经说过：如果你以一个足够低的价格购买了某公司的股票，那么即使公司的长期表现看起来可能很糟糕，但在上帝的眷顾下，也总会有短暂的时刻，让你有机会在获得合理利润的前提下抛出。我们把这种情况称之为“烟蒂投资法”，其寓意是就像在大街上捡到的烟蒂，可能只剩下一口烟可以吸，一般人都认为没有多大价值，但是由于其成本低廉，反而使那最后一口烟的利润率非常高。

烟蒂投资法并不深奥，主要以市净率作为主要参考指标，在寻找具有烟蒂特征的公司时，倾向于选择账面上包含大量现金资产且有息负债较少的公司；在使用烟蒂投资法时尤其需要重视资产质量，因为资产质量的好坏决定安全边际的大小。

一、烟蒂投资法在实践中的应用

由于A股市场中小市值股票的价格都普遍偏高，因此烟蒂股的数量很少，在一般市场行情下采用烟蒂投资法其实是不切实际的，但是一旦大势走向绵绵熊途，市场持续性往下走，那么整个市场的价格将会达到一个很低的水平，在这样的大势下采用烟蒂投资法却不失为一个好方法。由于A股资本市场的运营机制的束缚性，我们将借用港股的案例来详细阐述烟蒂投资法在实战中应该如何具体分析。

港股案例1

吉利汽车上演超级大牛行情

吉利汽车（00175）由于大势下跌，加之吉利汽车自身经营看起来不温不火，其股价在2016年初选择了向下回档到此前数年的低点2.5港元附近，总市值仅220亿港元左右。但我们从2015年年报中发现，该股每股净资产达到2.2港元，而且连续十余年稳步增长，公司发展形势一片大好。公司于2010年成功收购了国际知名的沃尔沃汽车集团，同时又收购了全球第二大变速器公司，此后不断加强对自身公司和收购的国外公司的优势资源的整合，成功打造了新一代汽车模块化架构及相关部件。

可以预见的是，公司经过内部整合之后，即将在国际国内市场形成新的竞争优势。从2015年年报也可以看到，公司每股现金流比上一年度大幅增长300%，公司持有大笔现金，而且总体负债率较低，此时市净率仅1.1倍左右，是一个极好的烟蒂投资法买入时机。果然，从2016年开始，吉利汽车的销售突然出现了爆发式增长，但在2016年上半年，该股股价还没有大涨，仍然处在平稳上涨的阶段，此时买入仍然是一个好机会。从2016年下半年开始，吉利汽车的股价展开了一轮长达一年半的超级大牛市行情，从3.7港元启动，到2017年底复权价涨到了30港元附近，累计暴涨800%以上，最高市值超过2600亿港元，远远跑赢同一时期的恒生指数。

港股案例2

特步国际股价大幅反转

投资特步国际（01368）可谓烟蒂投资法的经典案例。首先，特步国际是总部在福建的一家体育用品及服装生产商，我们大家平时都可以接触到它的产品，很多人对它的广告语“特步，非一般的感觉”也非常熟悉，说明这家公司的主营业务在市场上的知名度是很不错的，在行业中也是排名前几位的品牌。

该公司由于面对激烈的市场竞争，再加上电商的崛起，其业务并没有表现出持续增长的态势，最近几年其营业额和净利润都是起起落落。特步国际的股价也从2015年底的阶段性高位持续回落到2017年底。但是该股有一个指标表现却是非常稳健，那就是每股净资产，该公司不管营业额和净利润上升或者下降，其每股净资产连续十余年都是稳步提升的，这说明公司管理层非常善于控制成本，即使在业务量明显下滑的年份，也能做到不亏损。这样的公司就具备了非常强的抗风险能力，是我们运用烟蒂投资法的良好目标。2017年底该股跌至2.3港元左右，此时该股的每股净资产达到了2.35港元，考虑到这个数据每年还在增长，进入2018年之后应该还会更高。此时的股价就表现出了非常强的吸引力，是我们买入的最佳时机！此外，特步也在这一时期开始了新的整改，把过去传统渠道的销售改为零售网络中心化，重点加快电子商务发展，使其成为业绩提升的助推器，同时也是股价上涨的导火索！果然，该股股价跌破每股净资产后不久，股价就见底反转，展开了半年多的持续拉升，在2018年6月超过6港元！如果在低位买入获利幅度可达160%！

二、烟蒂投资法的五大要素

烟蒂投资法虽然并不神秘，但在实践过程中，从安全性和盈利性考量，如下几大重要因素务必注意。

1. 注重分散资金和控制仓位。

顾名思义，别人丢弃的烟蒂，大多是外显的价值已经消失殆尽，因此，烟蒂股的不确定性较大，为了提高投资的成功率，分散投资多支烟蒂股，或将烟蒂股的持仓控制在较少仓位，或者分批次介入是非常重要的，切不可盲目重仓或满仓一只股票。

2. 寻找催化因子。

众所周知，股价涨跌有很多因素，可能一个偶发事件立即引起烟蒂股股价突然启动。而这个偶发事件就是催化因子。

3. 时间成本不可忽视。

任何一笔投资都有时间成本，就算你看好某只烟蒂股，如果10年、20年没有获利或只是微利，算上时间成本，其实是亏损的。此时，就要重新审视投资的标的是否值得继续坚持，还是换股操作。

4. 重新确定安全边际的界限。

烟蒂股多为夕阳产业或经营不善的公司，因此成长性较差，不怎么受市场关注，但估值却不见得较低，其安全边际一般来自资产的低估。为了让这笔投资更安全，投资者必须重新确定安全边际的界限。

5. 学会判断财务数据的真实性。

不同于技术派，价值投资者必须对财务数据有一定的了解。此前，财务造假的公司较多，如今随着监管越来越严，财务数据的真实性越来越高，但总会有个别胆大的公司为了维持股价等而造假，因此必须学习一定的财务知识，对烟蒂股背后的数据真实性有自己的判断。

推荐阅读

全面系统呈现缠论核心交易战法！

书名： 零基础学缠论操盘：
系统讲解缠论操盘战法
作者： 股票淘金客
书号： 978-7-5454-7055-0
定价： 49.80元
出版日期： 2020年4月
出版社： 广东经济出版社

全面系统讲解KDJ指标战法！

书名： 零基础学KDJ操盘
作者： 吴超
书号： 978-7-5454-6326-2
定价： 45.00元
出版日期： 2018年11月
出版社： 广东经济出版社

一本书把股票的买卖信号看穿！

书名： 买卖信号：精准判定股票交易时机
作者： 黄凤祁
书号： 978-7-5454-5777-3
定价： 49.80元
出版日期： 2019年7月
出版社： 广东经济出版社

一本书把主力的底细深挖到底！

书名： 主力控盘典型形态查询手册
作者： 李一波
书号： 978-7-5454-4593-0
定价： 54.80元
出版日期： 2016年8月
出版社： 广东经济出版社

推荐阅读

深度解读5G带来的商业变革与产业机会！

书名：5G的商业革命

作者：金易

书号：978-7-5454-6566-2

定价：42.00元

出版日期：2019年7月

出版社：广东经济出版社

360度详解如何打造百万粉丝短视频大号！

书名：短视频营销全攻略

作者：向上

书号：978-7-5454-6799-4

定价：45.00元

出版日期：2019年10月

出版社：广东经济出版社

系统解读任正非和华为之谜的实力之作！

书名：任正非的真实世界：

中国第一民企华为成长内幕

作者：魏昕 饶威祥

书号：978-7-5454-3580-1

定价：45.00元

出版日期：2014年11月

出版社：广东经济出版社

系统解读董明珠和格力之谜的经典之作！

书名：霸气女皇董明珠：

全球最大空调企业格力成长内幕

作者：魏昕 刘云菲

书号：978-7-5454-4588-6

定价：48.00元

出版日期：2017年10月

出版社：广东经济出版社